アンゲラ・メルケルの東ドイツ

●「劣化する社会」を生きる人びと

川越 修
Osamu Kawagoe

Angela Merkel und die DDR

ナカニシヤ出版

アンゲラ・メルケルの東ドイツ――「劣化する社会」を生きる人びと　＊　目次

アンゲラ・メルケルの東ドイツ——「劣化する社会」を生きる人びと

はじめに

東ドイツとは、一九四九年から一九九〇年まで存在した社会主義国家（正式名称はドイツ民主共和国）です。

ナチス・ドイツが引き起こした第二次世界大戦が、アメリカ、イギリス、フランス、ソ連からなる「連合軍」のベルリン侵攻によって一九四五年に終結したのち、一九四九年に西ドイツ（正式名称はドイツ連邦共和国）が米英仏の占領地域（現在のドイツ西部地域）に建国されたことに対抗して、東ドイツは現ドイツ東部のソ連占領地域に建国されました。かつてのドイツの首都ベルリンは、一八六五年まで存在していた市壁の西側部分（現在ではブランデンブルク門やポツダム広場にその痕跡を見ることができます）を境に、四カ国の占領体制のまま、東西に分断されることになります。

そしてその社会主義国家東ドイツが「消滅」したのは、一九六一年に東ドイツからの労働力の流出を防ぐために新たに作られた「ベルリンの壁」（東西ベルリンの南北の境界は部分的にはかつての市壁と重なります）が一九八九年一一月九日に「開放」されてからほぼ一年後、一九九〇年一〇月三日の東西ドイツの「統一」の日です。

その東ドイツという国はしたがって、現在の世界地図に見出すことはできません。そこで、ここでは東ドイツについて世界史のおさらいをしておきましょう。図１・２は高校の世界史の補助教材からとった第二次世界大戦後の東西ドイツ、東西ベルリンの地図情報です。では、本書はなぜこのすでに地図上から、そして私たちの記憶からも消えてしまった東ドイツをわざわざ取りあげるのでしょうか。

なぜ東ドイツか

第一の理由は、有名なＥ・Ｈ・カーの『歴史とは何か』における表現を借りれば、歴史とは「過去と現在の間の尽きることのない対話」を通じて、現在と未来について考える一つの知的な作業だということと関わっています。でもそれだけでは、それこそ無限に近い事実の集積である歴史のなかから、あえて東ドイツを取りあげる理由としては、漠然としすぎています。

東ドイツをめぐるこれまでの研究や解説では、過去の遺物となってしまった社会主義国家の負の遺産を清算することが理由とされることが多かったように思います。もちろんそれだけではなく、そうした一党独裁下の社会主義国でも国家の監視の及ばない日常生活の

図1　第二次世界大戦後のヨーロッパ

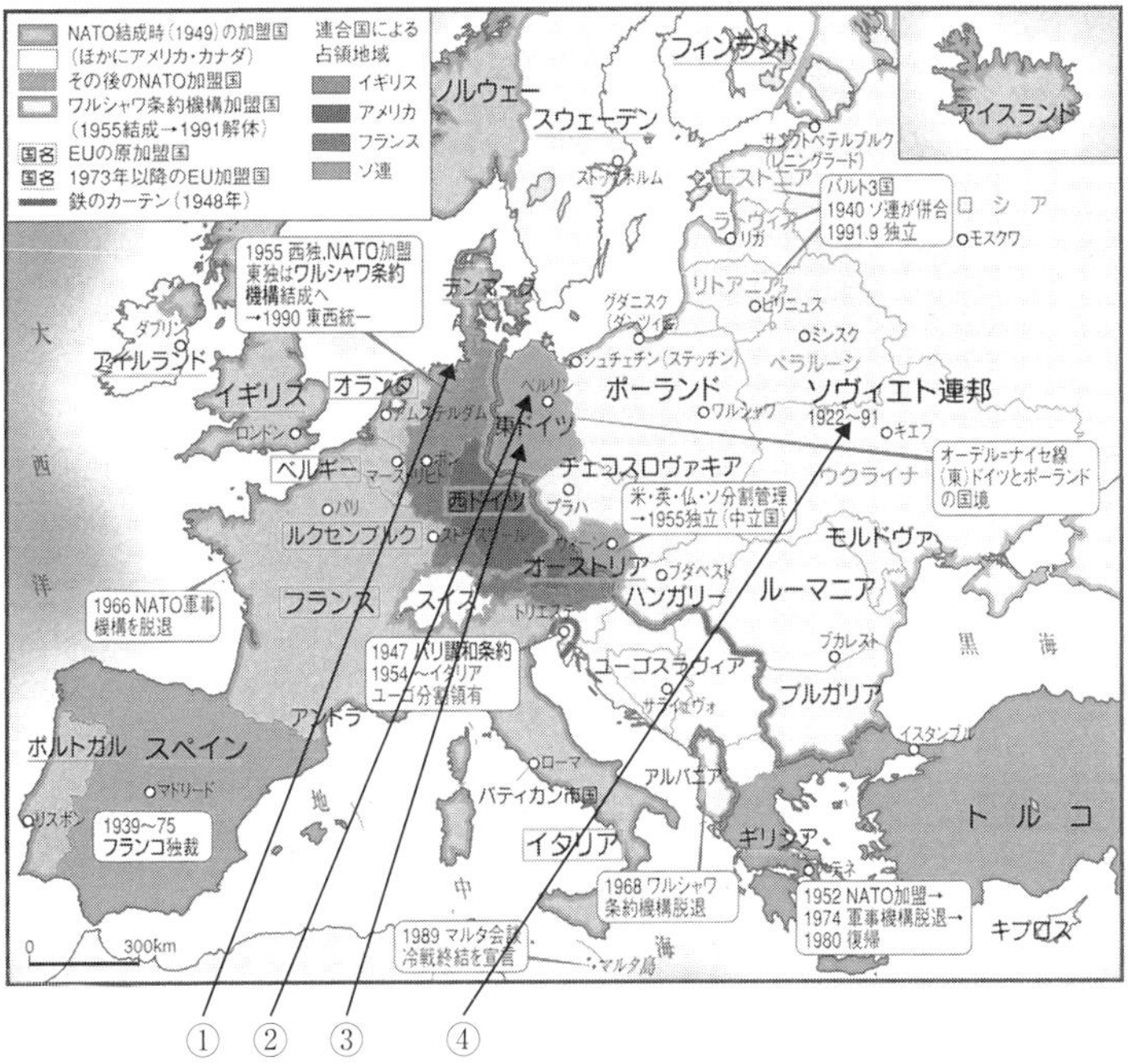

①ハンブルク
②テンプリーン
③ライプツィヒ
④チェルノブイリ
出典：『最新世界史図説タペストリー』４訂版（2006年）、帝国書院、p. 241。

図2　分割されたベルリン

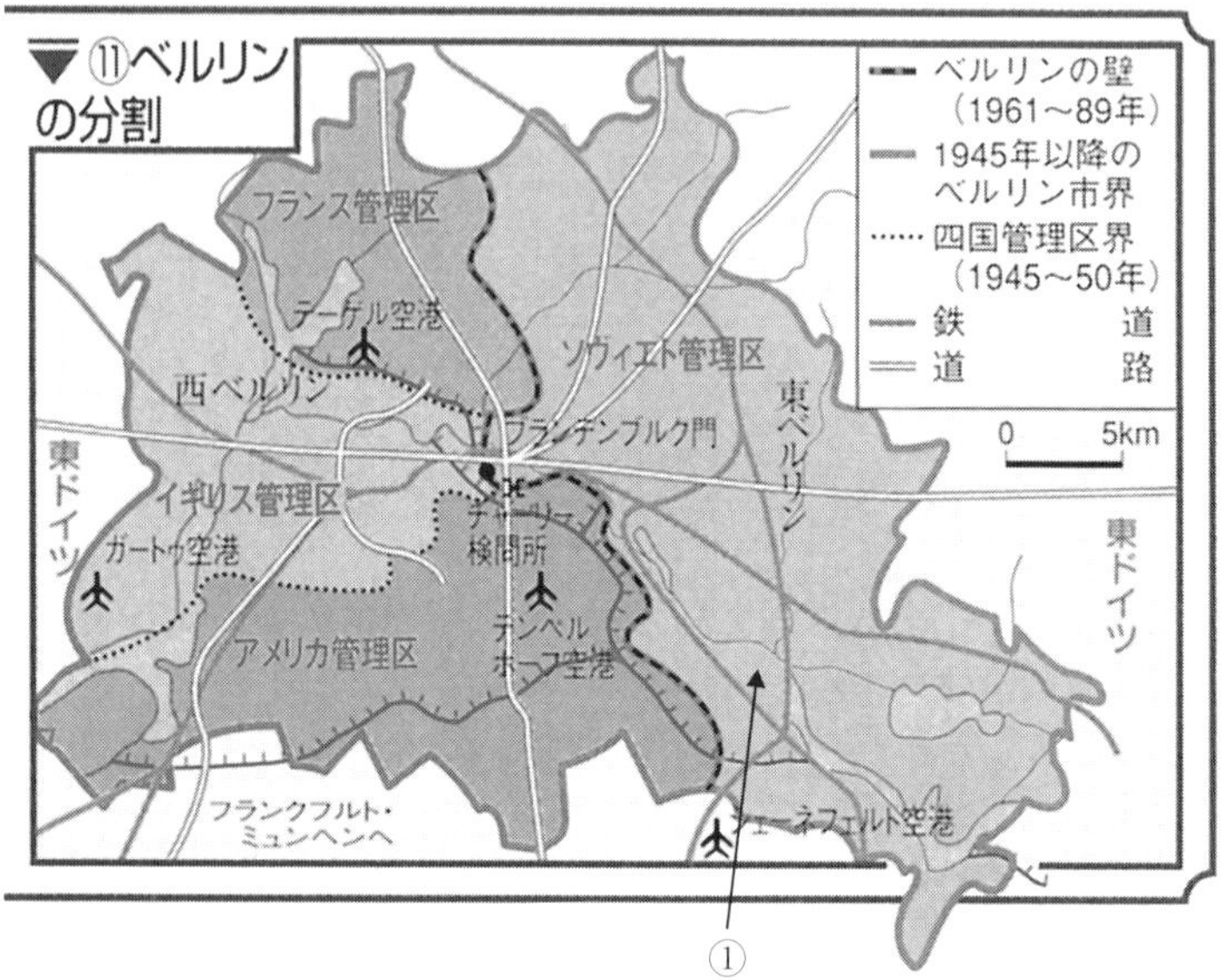

① Adlershof
出典：図1に同じ（東ベルリン中心部については図10参照）

聖域があったこと、そして細々とではあっても強権的な国家に抵抗する多様な動きがあったことを強調する研究も存在しています。

でも人間が作る社会は、こうした権力と抵抗、あるいは政治と日常生活といった二面を単純に張り合わせただけの薄っぺらなものとして捉えることができるのでしょうか。この疑問はそもそも社会とは何かという問いとつながっています。本書において社会は、メダルやコインが表と裏だけではなくその間に挟まっている厚みの部分からなっているように、この三者が一体となったものとして捉えられています。そして本書では、社会におけるこの厚みの部分を中間領域と呼ぶことにします。ここに本書が東ドイツを取りあげる第二の理由が潜んでいます。

その中間領域は、抽象的にいえば、人と人との多様なつながり（相互の助けあいや敵対あるいは無関心）の束だということになりますが、目に見える形としてはさまざまな組織から成り立っています。その組織を本書では中間組織と呼びます。中間組織には、政治的に上から組織されたものから、日常生活におけるインフォーマルな組織まで、多様なバラエティが存在しています。

では、四〇年という短命に終わった東ドイツ社会には、こうした中間領域・中間組織は存在したのでしょうか。一九九〇年の統一後急速に進んだ東ドイツ研究においては、西ドイツ社会と比べて中間領域・中間組織の層が薄かったことが東ドイツ社会崩壊の原因の一つであると捉えられているように思われます。しかし東ドイツにも中間組織・中間領域が存在したのであれば、東ドイツの歴史を社会主義国家における政治の失敗の歴史として、あるいはこれに対する抵抗の歴史としてだけではなく、こうした意味での社会とそこにおける中間領域ないし中間組織の織り成す歴史として描くことによって、どのような東ドイツ社会像が浮かび上がってくるのでしょうか。こうした関心が、本書において東ドイツを取りあげる第二の理由となっています。

ただこれだけでもまだ、日本の読者に向けて東ドイツを対象にした本を書く十分な理由にはなりません。第三の理由は、サブタイトルに込められています。それを、例えば「崩壊する社会主義社会」ではなく、「劣化する社会を生きる人びと」とした背景には、資本主義あるいは社会主義体制の下であれ、民主主義体制あるいは独裁制の下であれ、社会は一方向に正常に動き続ける、つまりは「進歩」ないし「発展」し続けるものではなく、一定の時間幅のなかで「劣化」するという前提があります。イメージとしては、このごろはあまり問題になりませんが、水道の蛇口が経年劣化でぽたぽたと「水漏れ」をおこす様子を思い浮かべてください。

社会の「劣化」は社会主義国家であった東ドイツに固有の問題ではなく、「劣化」の要因や現象は異なっても、いまの日本にも見られます。現在の日本における社会が至るところで「水漏れ」をおこしていることは皆さんも容易に理解できるでしょう。社会のどこで、どんな「劣化」が見られるのか、そしてその「劣化」はどんな帰結をもたらすのかは、それぞれの社会で異なり、決して一様ではありません。「劣化」と「発展」の動きが相互にぶつかり合って社会に「改革」の動きをもたらすこともあれば、「劣化」が社会の「崩壊」に直結することもあります。

東ドイツ社会を「劣化する社会」と捉えるのは、この社会では「劣化」が常態化していたためです。その原因としては、社会主義社会がそもそも資本主義社会より進んだ社会だという暗黙の前提が存在し、その前提に立って社会の「劣化」が表面化することを妨げる強い権力意思が働き、そこに暮らす人びとの方でも「劣化する社会」に慣れて沈黙し、日常生活に埋没するというある種の均衡状態が成立していたことが挙げられます。ただ「劣化する社会」においても人びとは生き続けており、均衡を破る何らかの要因が発生すれば、「劣化」に抵抗する動きが表出します。ではこの抵抗の動きはどこから生まれ、抵抗にはどのような手段が選択されたのでしょうか。

このように考えると、「劣化する社会」の実態をなかなか目には見えない社会の中間領域に分け入って明らかにし、そのなかで人びとは「どのように生きていたか」、つまりどんな問題に直面し、それにどのように対応しようとしていたのかを知ること、そしてその「劣化する社会」が何を契機に動揺し、そのなかで人びとはどのような選択をしたか、さらにその選択の帰結は何だったかを問うことは、「劣化」と「発展」のせめぎ合う日本社会に生きるわが身の問題として私たちに跳ね返ってくるといえるのではないでしょうか。

読者の皆さんが、東ドイツのどこかで、多様な考えを持ち、自分なりの生き方を追求していた東ドイツの人びと（川越／河合編 2016でも本書に登場しない多くの東ドイツ人に出会えます）のなかに、自分と重なる姿を見出すこともできるかもしれません。

「劣化する社会を生きる」というサブタイトルは、日本社会を生きる私たちにとって、東ドイツ社会の事例がカーのいう「過去との対話」の素材になりうるのではないかという私の問題意識（ただし日本社会がかつての東ドイツ社会と同じだといいたいわけではありません）から生まれたものです。

時代設定

先に四〇年にわたる東ドイツの歴史を短いと書きましたが、本書のいう社会や中間領域の動きを全時期にわたって論じるにはそれでも長すぎます。幸い最近になって日本でも優れた東ドイツの通史（メーラート 2019：河合 2020）が出ていますので、本書では一九七〇年代後半から一九八〇年代の時期に重点を置きたいと思います。

この時期の東ドイツでは、それまでのウルブリヒトに代わり、ホーネッカーが一九七一年に社会主義統一党（ソ連でいえば共産党にあたる事実上の独裁政党。以下ＳＥＤ）のトップの座（第一書記）についていました。一九七〇年代後半から八〇年代は、「経済政策と社会政策の統合」（経済発展一辺倒ではなく、それとともに働く人びとの生活をより豊かにすることを謳った政策）を旗印に展開されたホーネッカーの政策が行き詰まりを見せ始める時期です。それは同時に、別荘を所有したり、一般には入手困難な西ドイツの商品を享受したりしていたSED官僚による政治的な締め付けが強化され、中間領域においては人びとが大勢順応的な動きだけではなく多様な行動を見せ始め、社会の「劣化」が目に見えるようになってきた時期にあたります。こうした動きの背景には、シュタージ（国家保安省。カタカナ表記はStaatssicherheitdienst の略称）と呼ばれた治安組織による政治的な反対派の弾圧を通じた社会の「劣化」の隠蔽といった国内要因だけではなく、国際的な核エネルギー問題の展開がありました。

一つは、米ソによる核兵器削減交渉の進展とは裏腹に、ヨーロッパを舞台に繰り広げられた米ソの核ミサイル配備をめぐる反対運動の盛り上がりです。そしていま一つは、一九七九年のスリーマイル島、一九八六年のチェルノブイリ、そして二〇一一年のフクシマへと続く原子力発電所の大事故（本書ではこれら三地域での原発事故の表記に際しては、事故そのものというよりは事故の国際的・社会的影響を表すため地名のカタカナ表記を用いることにします）の連鎖です。とりわけチェルノブイリは、核エネルギー問題がヨーロッパにおいて人びとの日常生活を根源的に揺さぶった大事件であり、地理的にチェルノブイリに近かった東ドイツ（図1参照）では社会の「劣化」が一挙に表面化し、政治の世界を揺さぶる契機になりました。

本書の構成

こうした問題関心に立った本書は、大きく四つの章から構成されています。本書全体の序論にあたる第一章では、「劣化」が急速に表面化する一九七〇・八〇年代以降の東ドイツ社会を理解するために、「劣化する社会」のツケを背負い込むことになる若者たちに焦点を絞って、彼らの置かれた状況を見ておきたいと思います。ただ、日本とは政治経済体制が違い、しかもすでに消滅してしまった東ドイツ社会に少しでも興味を持っていただくために、一九五〇年代から東ドイツに生きた経験を持ち、いまの私たちにも十分な存在感と知名度を持った人物に東ドイツへの道案内を頼むことにしましょう。本書でその役割を担ってもらうのは、二〇〇五年から二〇二一年秋までドイツ連邦共和国の首相の任にあった「世界最強」の女性政治家アンゲラ・メルケルです（なお、メルケルは一九七七年の最初の結婚の折に改姓した名字で、彼女は一九八二年の離婚や一九九八年の再婚以降もその名字を名乗り続けています）。

第一章の第1節では、メルケルへの長時間のインタビューをもとに編集された本（Merkel 2005）におけるインタビューアーとの対話を再現することを通じて、メルケル自身に東ドイツの小都市テンプリーンにおける彼女の経験（一九五七年から一九七三年）をプレゼンしてもらうことにします[*]。そのうえで、当時のメルケルとほぼ同世代の若者たちの価値観の変化（第2節）と彼らの日常生活の一部となった中間組織（東ドイツ社会における上意下達の「伝動ベルト」とされる一方で、劣化の進行する社会を安定化させる機能を果たしてもいました）をめぐる問題を扱います（第3節）。これらの章では、社会主義国における持続する日常生活のあり方とその背後に潜む「社会の劣化」の様相が検証されます。

＊　東ドイツ時代のメルケルについては何冊かの本がありますが、メルケル論ないしメルケルの伝記を目的とはしていない本書では、以下、それぞれの叙述や解釈の是非を論じたうえでそれらを組み合わせたり、新しい史資料を付け加えたりすることによって私なりの叙述を展開するのではなく、メルケル自身が語っていることに基づいて書き進めていくことにします。

続く第二章では、再びメルケルへのインタビューを手がかりに、テンプリーンを出てライプツィヒ、東ベルリンへと移動（図1参照）したメルケルに導かれて、「劣化」が進みながらも政治と日常生活の間にまだ一定の均衡が見られた東ドイツ社会にアプローチします（第1節）。続く第2節では、東ドイツにおいて社会の「劣化」が一気に表面化する契機となったチェルノブイリにおける原子力発電所事故（一九八六年）が東ドイツの人びとの日常生活に及ぼした影響と、そのインパクトによって日常生活に生じた変化が政治との均衡状態を崩していく過程が検証されます。そのうえで第3節では、政治と日常生活の間の均衡が崩れることによって目に見えてくる「劣化する社会」の問題状況を、国家の治安維持機構であるシュタージの活動を通じて明らかにします。

そして第三章は、チェルノブイリを契機に一九八九・九〇年の大変動へと流れ込んでゆく東ドイツにおいて人びとがとった多様な選択を取りあげます。その際、これまでの東ドイツをめぐる研究などにおいてはあまり取りあげられてこなかった人びとや組織に目を向けたいと思います。

まず第1節では、事態の急展開を受けて、あくまで東ドイツにとどまり社会を改革しようとした人びとと、東ドイツに見切りをつけてハンガリーやポーランド経由で東ドイツを「脱出」した人びとの選択にスポットライトがあてられます。次いで、東ドイツ内部で新たな社会を構築する可能性を摸索する歴史家と、ベルリンで壁の開放を見届けたフランス史を専攻するアメリカ人歴史家による眼前の出来事の解釈が取りあげられます。彼らは多様な出来事のなかから何を選択し、どう意味づけようとしたのでしょうか。次いで第2節では、中間組織をめぐる問題に目を転じ、政治的に「上から」作られたとされている中間組織が一九八九・九〇年に行った選択について検討します。事例としては、第一章で紹介する若者の中間組織「自由ドイツ青年同盟」（ＦＤＪ）と並んで「人民連帯」（ＶＳ）という名称の高齢者のケアを目的とした組織を取りあげ、東ドイツ社会における中間組織の機能について再考します。そして第3節では一九八九・九〇年の激動期に科学者としての人生から一足飛びに政治の世界へと身を転じた、まだ無名のメルケルの選択を取りあげることにします。

最後に本書の結びとなる第四章では、統一後のドイツにおいて重要な役割を果たすことになる政治家メルケルにとって、キリスト教徒として東ドイツ社会を生きた経験がどのような意味を持ったのかを改めて考えてみたいと思います。

先ほど挙げた本でメルケルとのインタビューを担当したミュラー＝フォッグ（Hugo Müller-Vogg. 長年、ドイツの著名な『フランクフルト・アルゲマイネ新聞』の編集にも携わったジャーナリスト）は、本書において私たちと東ドイツをつなぐ重要な役割を担ってくれるメルケルについて、以下のように述べています。

> アンゲラ・メルケルは、二つの人生を経験した女性である。東ドイツにおける科学者としての人生と、西ドイツにおける意欲的な政治家としての人生である。それとともに彼女は二つの顔も持っている。常に抑制され、腹の底に不信感を秘めた政治のプロという公的な顔、そしてもう一つは、さりげないが意味ありげなユーモアを持ち、いたずらっぽい笑いと少なからぬ魅力を秘めた、気の置けない仲間タイプという私的な

顔である。（Merkel 2005, p. 11）

では、このメルケル自身の語る異色の伝記（その意味ではメルケルの自己肯定の色彩も拭いきれません）ともいえるこの本に導かれて、私たちの知らない「もう一人」のメルケルの目に映った社会主義体制下の東ドイツに足を踏み入れましょう。ただ、次章で説明する通り、メルケルの東ドイツにおける経験（表1を参照）は一般的とはいえないものだったにせよ、彼女もまた「劣化」する東ドイツ社会を生きた一人であったことを忘れないようにしたいと思います。

表1　東ドイツ時代のメルケルの足跡

1954. 7. 17.	神学生ホルスト・カスナーと教員ヘルリント・カスナー（旧姓Jentsch）の第1子としてハンブルグで誕生。
1954秋	父親がペルレベルク近郊のQuitowで最初の牧師職に就いたのにともない、東ドイツに移住。
1957	父親がテンプリーン近郊のWaldhofにおける教会職のためのセミナー（後に牧師養成コース）に移動。
1961	一般教育総合技術学校（当初Goethe-Schule、後にHermann Matern）に入学。
1970	聖マグナ・マグダレーナ教会で堅信礼。
1973	テンプリーンでアビトゥア。ライプツィヒで物理学を学び始める。
1977	ウルリヒ・メルケルと結婚。
1978	物理学の終了試験。 東ベルリン科学アカデミーの物理化学中央研究所に研究員として採用。
1982	ウルリヒ・メルケルと前年から別居後に離婚。
1986	理学博士論文の提出（1月）、受理。
1989. 12.	「民主主義の出発」（DA）に加入。
1990. 2.	DA事務所（東ベルリン）協力者。すぐにスポークスマンに昇進。
1990. 4.	始めて自由選挙で選ばれた東ドイツ政府（デ・メジエールde Maizière首相）で副報道官。
1990. 8.	DA解散。東ドイツ・キリスト教民主同盟Ost-CDUのメンバーに。
1990. 9.	連邦議会選挙Stralsund-Rügen-Grimmen選挙区でCDUの小選挙区立候補者（政党への投票数によって選ばれる比例代表候補とは異なる）に指名。
1990. 10. 2.	CDUとOst-CDUの合同により全ドイツCDU党員に。
1990. 10. 3.	東ドイツのドイツ連邦共和国への組み入れ（統一）によりデ・メジエール政権における活動終了。 連邦新聞情報局にて連邦大臣デ・メジエールおよびクラウゼGünterKrause担当として働く。
1990. 12. 2.	最初の全ドイツ連邦議会選挙において、選挙区投票の48.5%を獲得（1位）。
1991. 1. 18.	連邦女性・青少年大臣に就任。

出典：Angela Merkel 2005, pp. 261–263. Resing 2017, pp. 178–179, をもとに作成。

第一章　東ドイツ社会の若者たち

1　テンプリーンのメルケル

アンゲラ・メルケルは、一九五四年七月一七日、神学生であったホルスト・カスナーと教員をしていたヘルリント・カスナーの第一子として、西ドイツのハンブルクで生まれました。アンゲラは、父親がベルリンの北西にあるペルルレベルク近郊のクヴィトフで牧師職に就いたため、同年秋に東ドイツに移住します。そして一九五七年に父親の異動にともない、ベルリンの北一五〇キロに位置する小都市テンプリーンに引っ越し、一九七三年にライプツィヒの大学に進学するまで、そこで暮らしました（テンプリーンの位置については図1、また東ドイツ時代のメルケルの足跡については表1を参照）。

テンプリーンでの生活

このテンプリーンについてメルケルは、二〇〇〇年の『シュテルン』誌（ドイツの代表的な週刊誌の一つ）におけるインタビューで次のように回想しています。

> 私は素晴らしい子供時代を経験しました。……〔テンプリーンのあった〕（〔　〕内は引用者による注記。以下同）ウッカーマルクの風土は素晴らしく、私たちは森を駆け回り、ブルーベリーを摘み、きのこを集めていました。庭の一角に私の場所がありましたし、夏には毎日泳ぎに出かけていました。夕方湖で泳ぐのは素晴らしい経験でした。クリスマスの歌はこだまとなって響きました。（Reuth und Lachmann 2013, p. 12）

その様子は、五歳のころのメルケルの写真（図3。ほかにカスナー一家の写真が含まれています）からも窺えますが、その一方でメルケル自身が回想しているように、憲法上は信教の自由が認められているものの、事実上の一党独裁体制をとっていた東ドイツにおける牧師の娘のテンプリーンでの日常生活には政治の影がつきまとっていました。まず彼女の住んでいた場所から見てみましょう。

図３　メルケルとその家族

就学時（５歳）のメルケル

弟（マルクス）、妹（イレーネ）とメルケル

CDU の政治家となったメルケルと両親（ホルスト・カスナー、ヘルリンド・カスナー）

出典：Bassewitz, hrsg. v., 2009： pp. 17, 19, 20.

【ミュラー＝フォッグ】あなたはテンプリーンにおいて、近郊のヴァルドホーフにあった教会の教育施設（そこには教会活動のための養成講座および障害者向けの居住施設や作業所を有していたシュテファヌス財団がありました）で生活していらっしゃいました。

【メルケル】教会活動にむけた継続養成施設とシュテファヌス財団は別個の施設でした。後者は長い歴史を持っています。第二次世界大戦が終わるまではそこに精神障害者と教育困難者のための施設がありました。その施設はベーテルにおけるボーデルシュヴィングの施設〔一八六七年に設立された、ドイツにおいて草分けとなる障害者たちの受け入れ、治療施設〕の伝統を受けついでいました。東ドイツでは、国家がまだ教育可能であるとみなした者ともはや教育は不可能だとみなした者との間に、はっきりとした一線が画されました。後者のみが教会の庇護下にとどまることを許されたのです。現にそこで仕事に就くことができたのは、障害を持った子供たちや大人たちでした。農業や庭仕事、鍛冶やその他の作業が行われていました。私はそこでいろいろな手工業的作業を少し身に着けました。また私は特に成人した障害者たちとたえず接触していました。（Merkel 2005, p. 38）（p. および pp. はページ・複数ページを示す略号として用います）

そして、東ドイツにおける牧師カスナーの家庭では政治がひんぱんに話題になるばかりか、意見の対立が起こることも多かったと語られています。

【ミュラー＝フォッグ】家では政治についてよく話しましたか？

【メルケル】ええ、たえず。七、八歳の頃にはすでに政治が話題になっていました。この東ドイツなるものは、私にとってはそもそも、いまあるようにあるのはなぜかを私たちが話し続けることとよってのみ耐え忍ぶことのできる代物だったのです。当時の生活はとんでもなく政治的な色彩を帯びていました。とはいっても、すべて卓上の議論としてのことです。私たちは何も変えることはできなかったのです。しかしそれについて考えることはともかく大事でした。さもなければ、私の頭はおかしくなっていたでしょう。

【ミュラー＝フォッグ】家族の間での政治的な議論は文字通り対立的なものとなりえましたか？

【メルケル】何か論争のようなものになるとすると、それは、東ドイツが機能しえないということが私にはきわめて早くから明白だったことから生じました。私の両親も東ドイツを批判していましたが、東ドイツが長く維持されうるか否かについて、彼らは確信できていませんでした。経済的な事柄に対して彼らは大した関心がありませんでしたが、反対に私にはそれこそが問題だったのです。

【ミュラー＝フォッグ】だからあなたは労働者・農民国家の終焉に期待したのですね？

【メルケル】そのように思い込まないでください。だって人は一日中座って待っているわけではないですから。でも、東ドイツがずっと効率的なシステムであり続けることなど不可能だということは、明々白々でした。私はこの問題といつでも徹底して取り組んできました。例えば私の父はドイツ統一を歓迎しなかったわけではなかったとしても、西ドイツの状況もまた彼には理想的ではなかったのです。彼は東ドイツをとにかく甘く評価し、私のようにありえないものとして徹底的に拒否してはいませんでした。私たちは、何か困難にぶつかれば西に行くことは正当化されるかという問題をめぐっても、対立しました。私の両親は一九五四年に、大学に通っていたハンブルクから自由意思で父の出身地であった東に戻ってきました。東ドイツのキリスト教徒にも正規の牧師が必要だということは、私も認めます。それが彼らが帰郷する動機だったのです。でも私には、子供が両親のもとを去ることが許されるということ、そしてそれがどうしても必要だということになれば、西に行くことができるということは、

自明でした。（Merkel 2005, pp. 41–42）

こうしたやりとりを理解し、家族のあり方や、西ドイツへの出国が他の東ドイツの人びととは違い容易に可能となるという意味では決して一般的とはいえない環境に置かれていたメルケルその人について理解するために、いったんメルケルの回想を離れ、私たちには理解しにくい、東ドイツにおける教会の存在について説明しておくことにしましょう。

社会主義国東ドイツの教会

もともとドイツのなかにあって、東ドイツにあたる地域は、ルターによる宗教改革の発端となったヴィッテンベルクがベルリンとライプツィヒという大都市の中間にあったことからも窺えるように、マルティン・ルターの流れをくむ福音派教会の影響力の強い地域でした。その東ドイツでは、社会主義国となった後も、憲法によって信教の自由のみならず、「憲法に抵触するような目的、または政党政治的な目的のために濫用されること」のない限り、「宗教団体」の自由な活動も認められていました。

東ドイツ住民の一九五〇年の宗派統計を見ると、全体の八〇・六％が福音派で占められていたのに対し、カトリックは一一％、無宗教七・六％となっていました。この数値は一九八九年にかけて、福音派三〇%、カトリック六・一%、無宗教六三・五%へと激変しますが、これは体制の違いを超えた一般的な傾向であり、東ドイツでは福音派がなお一定の影響力を保持していたことは間違いありません。そのことは、一九八六年時点と推測される福音派関連のいくつかの数値にも現れています。例えば、総人口一六六五万五〇〇〇人のうち福音派教会連盟のメンバー五一〇万四〇〇〇人（うちベルリン・ブランデンブルク教区八七万五〇〇〇人）、教会数七三八五（同一六〇六）、男女の牧師数三九八三人（同八四〇人）、洗礼三万三六六六件、堅信礼（幼児洗礼を受けた者などが一定年齢に達したときに行う信仰確認の儀式）参加者二万八七八八名、といった具合です（Winkler, hrsg.v., 1990, pp. 11, 308–311）。

問題はこの数字をどう見るかということですが、一九八六年の西ドイツの統計から一例を引くと、福音派地域の居住人口二四九一万人（総人口は六一一四万人）で受洗者数二三万二〇〇〇人となっていますから（Schmitz-Veltin 2010, p. 589）、単純な比較はできないものの、上記の東ドイツの数値は決して低いとはいえないでしょう。さらに、カスナー一家の住んでいたベルリン・ブランデンブルクの福音派教会をめぐる統計（表2参照）からも、教会離れと教会の影響力の残存という傾向を読み取ることができます。

こうした、福音派教会の有した国家から自立した一定の影響力の背後には、どのような

表２　ベルリン・ブランデンブルク教区における福音派教会の動向　1971–1986

	1971年	1981年	1986年
礼拝への参加者	2,500,000	1,800,000	1,800,000
学校外の宗教教育の受講者	66,957	7,849	22,162
堅信礼準備のための教義教育の受講者	21,695	13,020	9,741
洗礼を受けた者	8,231	5,518	5,280
堅信礼を受けた者	11,449	6,355	4,721
教会での結婚件数	2,962	1,515	1,183
教会での葬儀件数	25,614	19,192	16,254
新規加入・再加入・改宗者	688	424	802
教会からの脱会者	7,411	2,773	1,514

出典：Winkler, hrsg. v., 1990, p. 311.

要因があったのでしょうか。それには、先に述べた歴史的な背景のほかに、次のような要因があったとされています（市川 1995）。東ドイツの教会が西ドイツからの大量の資金援助を受けていたこと（したがって東ドイツには喉から手の出るほど欲しかった西側通貨が定期的に流入することになります）、さらに東ドイツ側から見ると、このパイプには例えば東ドイツの政治犯を一定額と引き換えに西側に引き渡すなどといった政治的なメリットや経済取引上のメリットがあったこと、そして一九七八年以降になると、ホーネッカーと教会指導部の会談を通じて、国家と教会の間にそれぞれが果たすべき役割についての合意が成立し、教会が「社会主義に反対」しない限りにおいて「社会主義のなかの教会」としての地位を獲得したことなどです。

テンプリーンでの学校生活

さてここでもう一度メルケルに戻ると、彼女は表1にもあるように、一九六一年に義務教育である一〇年制の一般教育総合技術学校に入学します。この義務教育時代をめぐる次のような回想は、テンプリーンでの生活の二つの顔を鮮明に映し出していることがわかります。まず一つは、先に挙げた福音派教会をめぐる統計からも理解できるような、牧師の娘でありながら特に大きな違和感を抱くことなく学校生活を送った様子が窺える回想です。

【ミュラー＝フォッグ】あなたの学校の友人たちはあなたが牧師の娘であることをどう見ていましたか？

【メルケル】私たちが暮らしていたのは田舎でした。そこには党員の子供は多くはいませんでした。それどころか、生徒の約三分の一は学校外でキリスト教教育を受けていました。学校の指導部はそれを好ましいとは思っていませんでしたが、黙認してはいました。学校外でキリスト教教育があるときには、同じ時間に学校が生徒にとって

> 特に魅力的なプログラムを提供することがよくありました。だけどそれによって何かが変わることはありませんでした。思い出してみると、私の〔一〇年制の一般教育総合技術学校終了後、大学進学希望者が通う二年間の〕上級課程のクラスの二八人の生徒のうち、一三ないし一四人は〔教会の堅信礼にとって代わるべく〕国が行う成年式に参加しませんでしたが、彼らはすべて堅信礼を受けていたのです。さらに何人かはその両方に参加していました。学校には同じ考えを持つ生徒が多くいたのです。（Merkel 2005, p. 47）

しかしそれだけではありません。彼女の日常生活には、シュタージによる干渉という形をとって、政治がまとわりついていたのです。

【ミュラー＝フォッグ】家で話をするに際して、シュタージのことは頭のなかにはありましたか？
【メルケル】私たちはそれには慣れていました。私たちのうちの誰かが長電話をしていると、そのうち母が割って入って、おやめなさい、シュタージが聞いているしすべて記録されているわ、と言ったものです。何をどこで話していいかを私たちは知って

> いました。ただ私たちは怯えて委縮するつもりはありませんでした。もちろん、例えば友達が何か特別な困難に陥った場合とか、逃亡プランが問題になった場合とかのように、森で話すほうがいいケースはありました。その他のケースでは、私たちの電話がすべて録音されていたとしても、いまに始まったことではないと超然としていました。ですから息苦しさとかはありませんでした。私たちはそれを織り込んで生きるすべを身に着けていたのです。（Merkel 2005, p. 44）

当面、この日常生活と政治は特に交錯することはなく、メルケルは他の生徒たちと同様、カーニバルを楽しみ（図4）、東ドイツ社会の若者向けの中間組織（これについては次章で詳しく紹介します）の活動に参加します。

> 【ミュラー＝フォッグ】〔六歳から一四歳までの男女の参加する〕ピオニール団と自由ドイツ青年同盟（ＦＤＪ）のことですが、あなたはなぜ両方に参加したのですか？
>
> 【メルケル】私の両親は、ピオニール団に参加するにしても、それを学校の一年生クラスが終了して初めて決定することにしていました。彼らがそれを通じて国家のスローガンに逆らって明らかにしようとしたのは、すべての子供は就学の義務はある

図4　1960年代半ばのカーニバルでのメルケルと友人たち

出典：Reuth und Lachmann 2013, p. 49.

が、自動的にピオニールに加入するわけではないということでした。弟や妹と私はそれぞれ一年生の終わりに、どうしたいかを自分で決めることができました。仲間と一緒にいたいと思っていた私は、ピオニールに参加することに決めましたし、他の二人も結局は参加しました。両親はそれを認めてくれました。彼らは、ピオニールでどんな馬鹿げたことが行われているかは、時がたてば自分でわかるようになるだろうと信じていたのです。そしてその通りになりました。

【ミュラー＝フォッグ】では仲間意識があなたをピオニールに参加させたのですね？

【メルケル】それだけではありません。ピオニールに参加しないものは、たとえ成績が図抜けていたとしても、学校で称賛を受けることはありませんでした。一年生の終わりに、成績評価はとてもよかったのに、私は〔成績優秀者の〕

バッジをもらえませんでした。でも私はこのバッジがどうしても欲しかったのです。それさえなければ、ピオニールで何が行われているかは、私たちにはどうでもいいことでした。（Merkel 2005, pp. 51–52）

こうした間接的な形をとった国家による中間組織への参加圧力（図５）は、さらに年齢が進んで次の組織であるＦＤＪへの加入が問題となるころになると、国際情勢の緊迫化も加わって、より直接的な干渉という形をとり始めます。

【ミュラー＝フォッグ】では、自由ドイツ青年同盟の場合はどうでしたか？

【メルケル】ＦＤＪについては、事態はやや入り組んでいましたし、不愉快でもありました。思い出すのは一九六八年の夏のプラハのことです。私たちは休暇でチェコスロヴァキアにいました。そしてプラハにおける決起の雰囲気に私たちは文字通りとりつかれてしまいました。私が学校でそのことを口にしたとき、先生は不機嫌な表情を見せていましたし、ＦＤＪにおいても同じでした。

【ミュラー＝フォッグ】あなたはどこまでそれに合わせなければならなかったのですか？　それともあなたは実際に異を唱えたのですか？

【メルケル】私は、多くの先生方とＦＤＪの担当官たちにとっても、しばしば頭痛の種だったと思います。まだ頭脳の形成半ばの子供ながら、いくつか質問するだけでこうした手合いを困惑させることができました。しばらくすると彼らは当然、質問の裏には一定の反抗心が潜んでいることに気づきました。私のアビトゥア〔大学入学資格試験〕クラスの生徒はほとんど平均以上の能力を持っていました。私たちはぎりぎりの範囲にうまく収めていました。でも先生たちは、私たちが特に公民のような科目やＦＤＪ絡みのことをもてあそんで密かに楽しんでいることに気づいていました。一九七三年のアビトゥア直前に、文字通りの衝突が起きました。（Merkel 2005, p. 52）

図５　FDJメンバーとしてすぐれた社会活動と学業により表彰されたメルケル

出典：Reuth und Lachmann 2013, p. 56.

メルケルは一九七〇年に堅信礼を受けた後、義務教育を終え大学進学コースである上級課程に進みます。アビトゥアとはその課程の終了と大学への入学資格を得るために通過しなければならない大事な試験（終了者は同年齢者の四・六％、女生徒では三・二％に過ぎません。Winkler, hrsg.v., 1990, p. 64）のことですが、こともあろうか、メルケルにまとわりついていた日常生活と政治との間の軋轢がその直前に一つの事件を引き起こしたのです。

卒業間近の事件

【ミュラー＝フォッグ】あれこれ書かれたアンゲラ・メルケルの「反社会主義的な文化の時間」のことですね。

【メルケル】それはそれで例の如く大げさに扱われています。私たちのクラスは文化の時間のコンテストで何かをやろうという気はなく、エントリーしませんでした。そうしたら学校の休み時間の放送で、一二bのクラスはコンテストに参加するつもりがないということが何度も放送されたのです。そこで私たちは、急いで何がしかのプログラムをやろうと決めました。そんなこんなで急に楽しくなりました。その際、私たちは禁止されたことは何もしませんでした。「インターナショナル」〔国際労働歌〕を英語で歌い、〔クリスティアン・〕モルゲンシュテルンの『Mopp auf der Mauer 壁の上のパグ犬』を朗読し、ベトナムにではなくモザンビーク解放戦線（Frelimo）にカンパしました。それだけでした。

【ミュラー＝フォッグ】モザンビーク解放戦線はしかし、モザンビークにおける正当なマルクス主義解放運動でした。

【メルケル】もちろんですが、ベトナムにこそカンパされるべきだったのです。こうした組み合わせがそろえばもう十分で、シュタージが二日にわたり学校に電話をしてくることになりました。その際さらに明らかになったのは、私たちはすでに四年前から疑いの目で見られていたということであり、私たちはこれらすべてを甘く見ているとされていました。しかし彼らはそれまで私たちの尻尾をうまく捕まえることができなかったのです。私たちは厳重注意を受け、親たちも呼び出されました。それどころか、私たちはいつも西の陳腐な衣服だけを身にまとっている〔図6参照〕等々と非難されました。しかしその結果、先生たちは親全体を突然敵に回すことになりました。というのも、彼らは子供たちにきちんとしたものを着させようと努めただけだったからです。私の両親は、党とシュタージへの潜在的な嫌悪が文字通りパンパンに膨れ上がることのないよう、努めました。

【ミュラー＝フォッグ】あなたにとっては大学への進学が危うくなったのですね。

【メルケル】もちろんです。他の人たちは、そもそもアビトゥアを受けることができるのか等々、戦々恐々とせざるをえませんでした。（Merkel 2005, p. 52）

この危機を親たちのサポートもあって何とか切り抜けた後、メルケルはテンプリーンを離れ、一九七三年にライプツィヒの大学へと旅立つのですが、ここでしばらくメルケルと別れて、この時代以降の東ドイツの若者たちに起きていた変化を追ってみることにしましょう。

2　一九七〇・八〇年代の東ドイツ社会と若者の意識変化

ホーネッカー政権の「二つの顔」

ホーネッカーが前任者のヴァルター・ウルブリヒトに代わって社会主義統一党（ＳＥＤ。旧東ドイツにおける事実上の独裁政党。多党制の外見はとっているものの、選挙は党の指定する統一リストへの信任投票に過ぎませんでした）のトップの地位に就いたのは、一九七一年五月のことです。

この時期には、一九六九年一〇月に西ドイツにおいて連邦首相となった社会民主党のヴィリ・ブラントのもとで「東方外交」、すなわちソ連を頂点とする東ヨーロッパの社会主義圏との融和政策が展開されていました。その結果、一九七一年四月には西ベルリンから東ベルリンへの一日「入国」が自由化（ただし一定額の西ドイツ・マルクと東ドイツ・マルクの間の実勢を無視した等価での交換が義務付けられました）されるとともに、翌年一二月には東西ドイツの間で相互の領域と独立を承認した基本条約が締結されました。第二次世界大戦の終結以来続き、東西ドイツ間では一九六一年のベルリンの壁建設によって強化された「冷戦」状態に「雪解け」に向けた動きが見え始めた時期に、ホーネッカー政権が誕生したのです。

図６　メルケル（２列目中央）とミニスカート姿の同級生

出典：Reuth und Lachmann 2013, p. 58.

「五カ年計画」の形をとった計画経済に一定の距離を置き、ソ連と一線を画した独自性を追求した前任者ウルブリヒトの路線とは異なり、ホーネッカー政権の政策は、外交的にはソ連との関係を強化する一方で、西ドイツとも関係の安定化と相互の独立性の承認を求めるという「二つの顔」を持っていたことになります。そのホーネッカーにとって、一九七三年に東ドイツが西ドイツとともに国連加盟を果たしたことは、一つの大きな成果でした。

他方、内政面でも一九七六年五月のＳＥＤ第九回党大会で掲げられた「経済政策と社会政策の統一」というスローガンの下、労働者や女性たちの生活の安定化がはかられました。女性たちは、ベルリンの壁構築以前の人口流失の影響を受けて慢性的に労働力不足状態となっていた東ドイツにおいては、貴重な労働力だったのです。その一方で、国内においても対外政策と同様に、強化されたシュタージ*によって体制を批判する動きを徹底的に抑え込むという「二つの顔」の使い分けが見られました。

＊ シュタージにおける専従の職員は、一九七三年から八九年の間に五・三万人から八・五万人に増加。さらに統一直前には成人の一〇人に一人を占めていたとされ、家族・友人・同僚といった「身近な人」に関する「密告」にあたっていた「非公式協力者」がこの列に加わります（斎藤 1997a, p. 486）。

こうした内政政策は一九七〇年代には一定の成果を上げているように見えましたが、一九八〇年代に入るころには、生活安定化のための多額の補助金*が財政を圧迫し、西側諸国からの借り入れや援助への依存度が増し、さらには、ホーネッカーの下で再び強化された「計画経済」の想定する生産性の向上や新たな工業部門への対応が遅々として進まないことなどにより、経済状況には急速に陰りが見えてきます。東ドイツでは、他の諸国とは異なり、電気エネルギー生産に占める原子力発電の割合が一九八〇年をピークに減少していること（表3）や、それに代わって国内で採掘されるものの質が悪く大気汚染の原因となった褐炭の占める割合が増大していること（表4）は、そうした陰りの表れでもあったと見ることができるでしょう。

＊「第二の給与袋」ともいわれ、住宅、医療、子供手当、年金、物価調整など生活の全領域に及び、一九七五年には国民所得約一五八二億東ドイツ・マルクのほぼ四分の一にのぼったとされています（Schroeder 2013, p. 648, 川越 2016b, p. 121）。

変化する若者たちの意識

こうしたなかで、ベルリンの壁建設の年に生まれた世代が義務教育を終える一九八〇年代＊には、一方での生活水準の上昇（一九七〇年代における二度のオイルショックの影響で陰りが生じていたとはいえ、表5が示すように、テレビや冷蔵庫、洗濯機といった耐久消費財の普及がこれを裏付けています。また東ドイツにおける「余暇」をめぐる問題については、河合2015を参照）と、「西側の放送」視聴やロックやジーンズといった「西側の文化」受容の黙認（音楽については高岡 2016、を参照）、そして他方での若者への締め付けの強化という「二つの顔」の狭間で、若者たちの意識の変化が表面化するようになるとともに、社会に

表3　電気エネルギー生産に占める原子力発電の割合の推移 1970-1990（%）

	1970	1975	1980	1985	1987	1989	1990
世界全体	1.0	5.4	8.0	15.5	16.0	—	—
西ドイツ	1.3	7.7	14.3	31.2	31.3	34.3	33.1
フランス	3.9	10.8	20.9	64.8	69.8	74.6	74.5
イギリス	10.5	10.8	10.5	19.3	17.5	21.7	19.7
日本	1.3	3.5	11.0	22.7	29.1	27.8	27.1
アメリカ合衆国	1.3	8.3	8.9	15.5	17.7	19.1	20.6
ソ連	0.5	2.0	5.6	11.0	11.2	12.3	12.2
東ドイツ	0.7	3.2	12.1	12.0	9.7	10.3	—

出典：Reichert 1999, p. 511.

表4　東ドイツにおける発電のエネルギー源別構成 1955-1986（%）

	褐炭	石炭*	水力	核エネルギー	その他**
1955	63.2	15.1	1.7	—	20.0
1960	72.7	11.2	1.5	—	14.6
1970	83.2	3.3	1.8	0.7	11.0
1980	78.1	1.1	1.7	12.0	7.1
1982	81.5	0.8	1.7	10.5	5.5
1986	83.3	0.6	1.5	9.5	5.1

*褐炭ブリケットを含む。　**ガス、オイルシェール、褐炭乾留コークス、木材、ごみなど。

出典：Kahlert 1988, p. 131.

表5　東ドイツにおける生活水準　1960–1989

	1960	1965	1970	1975	1980	1985	1989
一人当り消費*	3, 600	—	5, 200	—	9, 378	—	12, 439
テレビ**	16. 7	48. 5	69. 1	81. 6	88. 1	93. 4	96. 2
カラーテレビ**	—	—	0. 2	2. 5	16. 8	38. 4	57. 2
洗濯機**	6. 2	27. 7	53. 6	73. 0	84. 4	99. 3	110. 2
冷蔵庫**	6. 1	25. 9	56. 4	84. 7	99. 0	99. 0	99. 0
乗用車**	3. 2	8. 2	15. 6	26. 2	38. 1	48. 2	57. 1

*東ドイツマルク　　**100世帯当たりの普及割合
出典：Kaschade 2018, pp. 210–211.

も変化の兆しが顕在化し始めたのです。

＊　一九八〇年の東ドイツの総人口は約一六七〇万人、年齢構成別に見ると〇―二〇歳未満がおおむね四分の一強、二〇―六〇歳未満が二分の一強、六〇歳以上が五分の一を占めていました（Winkler, hrsg. 1990, pp. 11, 15）。

以下では、一九六六年にライプツィヒに設置され、ヴァルター・フリードリヒに率いられて東ドイツの崩壊まで活動を続けた中央青少年研究所（ＺＩＪ）の活動をめぐる論文集（Friedrich und Griese, Hrsg. 1991）から、「青少年」の意識変化を示す統計＊をいくつか紹介してみましょう（表6、7、8）。

＊　この研究所の調査で対象とされたのは一二歳から二五歳以下の幅広い「青少年」層ですが、以下で紹介す

る統計表では、六歳からの一〇年間の義務教育の最後の二年間（九―一〇学年）に属する者を便宜上「生徒」、義務教育終了後に二年の実業教育を受けている者（Lehrlinge）を「職業訓練生」、実業教育を終えるか就学しながら働いているもの（junge Arbeiter）を「就労者」、大学入学資格を得るべく就学中のものと大学生を「学生」と表記しています。

これらの表から本章のテーマとのかかわりで若者たちの意識の変化として読み取ることのできるポイントは、以下の諸点に整理できると思います。まず生活上の願望について尋ねた表6を見てください。そこからは、①若者の消費願望としては、男女ともに当初は「何か素敵」な「体験」を求める割合が高く、その後ホーネッカー時代になると、男子では「自動車」、女子では「住居・住宅」への願望が強くなっていくものの、男女とも「旅行」には大きな関心を示してはいません。②個人的な「幸福・安心」と社会的意味合いが入ると思われる「平穏」については、ホーネッカー時代の一九七〇年代に、生活水準の上昇に対応して「幸福・安心」指向が強まりますが、八〇年代末にかけて時代状況の変化のなかで「平穏」への願望が強まります。ただし特に女子において顕著な「自分の子供」指向の高さとあわせてみると、全体として一九八〇年代の東ドイツでも、一般的には工業化の高度化と消費水準の上昇に随伴する現象とされる個人化（以下では個人の生活を優先するという一般的な意味で用います）の傾向が強くなったといえるでしょう。③「勉強」を重視

表 6　東ドイツにおける14-16歳の生活上の願望*　1958-1988

	男子			女子		
	1958	1978	1988	1958	1978	1988
自動車	17	38	45	9	16	15
住居・住宅	8	35	41	12	40	38
体験	54	21	30	80	27	38
旅行	X	11	17	X	9	17
平穏	36	16	37	56	17	41
幸福・安心	59	43	28	40	57	43
自分の子供	0	9	27	0	42	46
学校の成績	43	14	8	53	19	9
職業上の成功	62	61	68	65	72	77
自立	0	0	22	0	0	12

*自由選択（複数可）による頻度（%）。サンプル数 1958：1400、1978：1535、1988：874

X：1958年は選択が少なかったため体験に参入

出典：Friedrich und Griese, Hrsg., 1991, p. 125（一部省略）

するか「仕事」を重視するかに関しては、一九五〇年代には両者の値が比較的近似していますが、時間の経過とともに、新たに「自立」指向が加わり、職業上の成功のプライオリティが高まっていくことがわかります。

次に、社会主義国家東ドイツへの帰属意識と社会主義の将来見通しを尋ねた表7に関しては、④ホーネッカー政権の誕生を挟んだ一九七〇年代の前半、東ドイツ国家への帰属意識も社会主義的な世界への希望も強くなりますが、⑤

表７　東ドイツへの帰属意識*と社会主義の将来見通し**

		帰属意識			将来見通し		
		強く肯定	条件付き	否定	強く肯定	条件付き	否定
職業訓練生	1970	41	50	9	46	36	18
	1975	57	38	5	63	28	9
	1979	40	50	10	50	35	15
	1983	46	45	9	47	45	8
	1984/85	51	43	6	50	42	8
	1988****	18	54	28	10	32	58
	1989. 10. *****	15	60	25	3	27	70
就業者	1970	37	53	10	35	41	24
	1975	53	42	5	56	35	9
	1979	38	52	10	39	43	18
	1983	55	38	7	45	47	8
	1984/85***	57	39	4	44	46	10
	1988*****	19	58	23	6	30	64
学生	1970	45	46	9	65	27	8
	1975	66	32	2	78	20	2
	1979	51	44	5	66	28	6
	1983	70	29	1	68	31	1
	1989******	34	51	15	15	39	46
生徒	1979	—	—	—	45	40	15
	1988	16	60	24	9	31	60

*1979までのアンケート項目：「わが社会主義国の市民であることを誇りに思う」か？
1983からのアンケート項目：「DDR と強く結びついていると感じる」か？
**アンケート項目：「社会主義は世界中で勝利を収める」と思うか？
***調査年　帰属意識：1985年、将来見通し：1984年
****帰属意識の調査月：10月
*****帰属意識の調査対象：男子のみ
******帰属意識の調査月：２月
出典：Friedrich und Griese, Hrsg., 1991, pp. 139, 145, をもとに、両項目の調査年を揃える形で作成。

表8　東ドイツにおける青少年の世界観　1975-1989

		無神論	宗教的	多様な世界観
職業訓練生	1975	69	11	20
	1979	62	12	26
	1988	64	16	20
	1989	65	15	20
就業者	1975	70	9	21
	1979	62	9	29
	1988	64	16	20
	1989	72	8	19
学生	1975	77	9	21
	1979	79	9	12
	1988	81	9	10
	1989	85	6	9

出典：Friedrich und Griese, Hrsg., 1991, p. 155（ZIJ-Forschungsbericht 1990, から転載）.

その後は微妙に上下しつつ、一九八〇年代半ばから急激に弱くなっていく様子が窺えます。⑥そうしたなかで、社会階層的にはエリートである学生層では、その落ち込みの幅が小さいことが目につきます。

そして最後に表8によれば、⑦若者たちの世界観に関しては他に比して時系列の変化は小さく、「無神論者」の割合が七〇から八〇%を占め、社会層が上がるにつれてその割合は高くなることがわかります。それでも、キリスト教をはじめとする宗教への信仰を持つものの割合が一〇％前後あることも看過できません。

若者と教会の新たな接点

こうした調査結果から透けて見えてくるのは、ホーネッカー政権における経済政策の行き詰まりに巻き込まれながらも、経済成長を続ける西側世界と同様、物質化・個人化・業績主義化の傾向を強めつつ、一九八〇年代に社会の行方を左右する存在となっていく若者たちの姿です。統計上は東ドイツの若者たちにとって重要性を持たなかったように見える信仰、具体的には教会の存在も、環境や核エネルギー問題が表面化する一九八〇年代半ば以前から、「兵役」をめぐる問題（以下の叙述は、市川 2007, 2016に依拠しています）を契機として、東ドイツの二面性（「二つの顔」）を映し出す鏡となっていました。

東ドイツでは、一九六一年八月にベルリンの壁が構築された直後に徴兵制の導入が決まり、翌年から召集が始まりました。しかし国内ではこれに対する反対の動きが高まりました。同時に、西ドイツの憲法にあたる基本法（一九四九年）が、兵役義務の導入（一九五六年）以前に、その第四条三項において「何人も、その良心に反して、武器をもってする戦争の役務を強制されてはならない」（高木／末延／宮沢編 1957, p. 221）と宣言していたことに対抗する意味もあって、東ドイツでは一九六四年に「武器を持たない建設兵士」（具体的には軍関係の土木作業に従事）としての「応集」が認められることになりました。そして、実際にはその旨は公表されなかったにもかかわらず、一九八九年までに計一万七〇〇〇名が「建設兵士」としての「応集」を希望したとされています。

この経緯自体が示しているように、「建設兵士」の存在は「国外向け」の顔と「国内向け」の顔を使い分けた東ドイツ国家にとってのみならず、「建設兵士」を志願した者にとっても「いかがわしい妥協」の産物でした。その結果、「良心」（多くは信仰）に従ってそれを志願したはずの彼らは、身分的にはあくまでも東ドイツの「人民軍」兵士でありながら、「国民」としての義務を忌避する「犯罪者」として敵視され、シュタージの監視を受ける存在となったのです。

こうした「建設兵士」に対して、彼らの「良心」を守る盾となるべき教会（東ドイツの場合は福音派教会）は、当初はこの「いかがわしい妥協」を後押しする姿勢を見せます。そしてホーネッカー時代になると、「社会主義のなかの教会」という形をとった政権と教会との間の妥協策、社会主義政権サイドから見れば「教会」という本来相容れない存在に対する拒絶と西ドイツとの関係改善や教会というパイプを通じた西ドイツからの援助への期待に基づく容認という「二つの顔」の使い分けの下で、教会は「建設兵士」の行動が社会主義体制への拒否に向かうことを警戒するようになります。しかしこの双方の妥協は同時に、教会側に教会という限られた輪のなかでの印刷物の「自由」な、すなわち検閲を受けない作成や回覧が黙認されるという「飴」をもたらしました。

そして、一九七〇年代末からの核ミサイルの配備やスリーマイル島における原子力発電所事故を契機に核エネルギー問題が浮上するにともない、この「飴」が妥協の対価以上の意味を持つことになります。すなわち、東西冷戦体制の下、一九七六年にソ連領内に西ヨーロッパ諸国を射程に入れる核ミサイルが配備されたのを受け、西側のＮＡＴＯ（北大西洋条約機構）が西ドイツへの核ミサイル配備の可能性を明らかにしたことにより、西ドイツのみならず東ドイツにおいても新たな動きが起こったのです。東ドイツではこうした東西間の対抗的な動きに呼応して、一九七八年に一四―一六歳（一〇年の義務教育の最終二学年）の「軍事教科」が義務化されたのに対し教会側が強く反発したことにより、教会は、独自に交流を続けていた「兵役拒否者」や新たに核ミサイル問題から「平和」運動へと動く多様なグループなどの活動の受け皿となっていきます。その際、国家と教会の妥協の産物であった「飴」が、これらの運動を支える武器となったのです。

こうして、一九八〇年代に入ると、ホーネッカー政権の下で政治・経済・社会政策、さらには文化政策や教会政策の面でも、政権を特徴づけていた「二つの顔」の使い分けの上に立った政策を維持することが困難になっていきました。そしてそれが、本章で検証したように若者の意識の変化となって顕在化するとともに、「二つの顔」の狭間から社会主義体制そのものの「劣化」の実態がこぼれ出る状況が生まれるなかで、東ドイツ社会は一九八六年四月のチェルノブイリ原子力発電所事故に直面することになります。

3　東ドイツ社会の中間組織と若者

メルケルに導かれながら、ここまで東ドイツにおける若者たちの学校を中心とした日常生活や、若者と教会とのかかわりを検討することを通じて、東ドイツ社会の表と裏に光をあて、さらに、一九七〇年代以降、若者たちの意識に大きな変化が見られたことを明らかにしてきました。本節では、東ドイツの若者たちの日常生活において大きな役割を果たしていた中間組織について検討したいと思います。当時の東ドイツに生活していた研究者たちが統一後にかつての自分たちの社会をどう分析しようとしていたかを手がかりとした以下の叙述は、これまでの叙述に比べ少々理屈っぽいですが、東ドイツ社会の「劣化」とそこに生きた人びとについて理解するうえで重要なポイントとなります。

中間組織とは何か

ではそもそもなぜ中間組織なのか。それを考えるにあたって、手がかりを東ドイツの大学で学んだ経歴を持つ三人の研究者の論考に求めたいと思います。デトレフ・ポラック（一九五五年生まれ。一九六〇年代後半から七〇年代にかけてライプツィヒで宗教社会学を学ぶ）、ベルント・リンドナー（一九七〇年代に東ベルリンのフンボルト大学で文化社会学を学んだ後、一九七八年から九〇年まで、前節でふれたフリードリヒ率いるライプツィヒの中央青少年研究所に所属）、ペーター・ヒューブナー（一九四四年生まれ。一九六〇年代後半ライプツィヒで社会学を学ぶ）の三名です。一九七〇・八〇年代を東ドイツで生きた研究者たちは、統一後、かつての自分たちの社会をどう理解しようとしたのでしょうか。

この三人には、東ドイツで育ち研究者の道を歩んだというほかに、ライプツィヒとのつながりが強いという共通点があります。そしてそのことに私が惹かれた背景には、私が一九七四年から三年間西ベルリンの自由大学で歴史学を学んだ折に、論文を通してではありますが最も影響を受けた歴史家の一人ハルトムート・ツヴァー（一九三六年生まれ。一九五〇年代後半にライプツィヒのカール・マルクス大学で学んだ後、一九七一年から同大学の講師・教授）と再び出会ったという事情があります。本書を書く過程で、一九八九年のライプツィヒ「平和革命」の体験者であり歴史家としての観察者でもあった彼の記録（Zwahr

1994, 1996, 2014）に出会うことになったのです（第三章第1節参照）。

さて前置きが長くなりましたが、私は自分のこれまでの仕事の到達点と残された課題（「メゾ社会史」という聞きなれない言葉で表現されています。メゾというのは中間とか中位を意味する接頭辞です）について、中間組織という概念を手がかりに次のように書いたことがあります。

> 私にとってメゾ社会史とは、国家と国民、企業と消費者、政府・行政と市民といった近代社会、ないし私のいう社会＝国家を構成する基本ユニットの間に位置する中間的領域の歴史を指向するものです。ではなぜメゾ社会史なのでしょうか。その理由は、制度としての社会＝国家が安定的に機能するうえでは、民主主義、市場原理、法治主義といった近代社会の基本原理の貫徹だけでは不十分であり、上記の基本ユニットの中間に位置するさまざまな中間組織が制度の安定化を担保する重要な機能を果たしてきたのではないかと考えたことにありました。この意味で私にとって本書で提起したメゾ社会史とは、社会＝国家の歴史を中間組織の歴史として捉え直す試論的なチャレンジを意味しています。（川越・矢野 2016, p. 241）

ここにいう中間組織は、「社会＝国家」の時代（ドイツについてはおおむね一九世紀末から一九九〇年代までが想定されています。なお「社会＝国家」というのは、この時期になって国民国家の領域と社会的なセーフティネットのカバーする地理的領域が一致したことを意味する私の造語です）に固有のものではなく、いわば人間が社会を構成する生き物である限り、どの時代にも形を変えて存在していました。

ドイツでは一八三〇年代にスタートする工業化に先立つ時代、社会とは端的にいえば各種の共同体そのものにほかならず、その各々が独立性と同時に閉鎖性の強い組織（例えば農村共同体、都市共同体、手工業者の団体など）を成していました。工業化がスタートすると、一方でそうした組織が機能不全をおこし弱体化ないしは組織転換を迫られるとともに、他方で地理的・社会階層的流動化によって新たに発生する広範な貧困層に対応するために、古くて新しい中間組織（慈善組織など）や新たな生活規範（自助など）が生まれました。そして工業化がより高度化する一八八〇年ごろからは、中間組織は社会保険団体などの形をとって「国民」に対する社会的なセーフティネット機能（社会の構成員の生命・生活の維持機能）を担うことによって、国民国家としてのまとまりを強めつつ対外進出を推進する「社会＝国家」の安定化をはかる重要な構成要素としての役割を果たすようになりました。

こうした「社会＝国家」が第二次世界大戦後の高度経済成長の時代とそれに続くオイルショックの時代を経て、第二次世界大戦後の冷戦体制の崩壊という大きな変化に直面し、アメリカ中心のグローバル化が世界を席巻する一九九〇年代になると、経済が国民国家の境界を越えて自律的な展開を強めるなかで中間組織はその役割を縮小していくかに見えます。しかしそのアメリカへの九・一一同時多発テロによって幕が切られる二一世紀には、いわゆる経済大国においても、グローバル化によって新たに問題化する貧困と社会階層・地域・ジェンダー間などの格差拡大という現実（二〇二〇年秋の大統領選挙をめぐるアメリカの状況を想起してください）を前に、これまでとは異なる新たな中間組織（多様なＮＰＯなど）とそのグローバルな連携が展開されるに至ります。

東ドイツ社会の中間組織

このように、中間組織はその原型となる工業化以前の共同体組織を含めて考えれば、人類の歴史において形を変えながらも常に存在したといえますが、では東ドイツのような社会主義社会にも存在したのでしょうか。一言でいえばイエス（存在した）であり、東ドイツにおいてそれは公的には「国民戦線」として組織化されていたというのが答えです。この組織について私は以下のように整理したことがあります。

> 東ドイツには事実上の独裁政党であるＳＥＤのほかに、複数政党制のかたちを保つ意味もあって四つの公認された政党があり、これらの政党は人民議会〔東ドイツの国会〕に代表を送り込む権利を持つ五つの大衆組織とともに、ブロック政党と呼ばれていた。公認の大衆組織にはこのほかに、人民連帯を含め六つの組織が存在していたが、これらはブロック政党と合わせ国民戦線として組織されており、さらにこの国民戦線に代表を派遣することのできる広範な団体が存在するというのが、東ドイツにおける社会組織をめぐる公的な布置状況であった。（川越 2016b, p. 129）

これを一覧形式にまとめたのが表９であり、ここに示されている組織が東ドイツで公認された中間組織ということになります。そしてこの「国民戦線」等は、ＳＥＤを頂点にピラミッド状に組織された東ドイツ社会において、一般的には、上意下達をはかる「伝動ベルト」の機能を果たしつつ、同時に頂点に向けた支配エリート層の選別機能を果たすことによって、重要な体制維持機能を果たしていたとされてきました。こうした社会像をイメージ化すると図７①のようになるでしょうか。ピラミッド状組織の上部がＳＥＤを中心とした支配機構、下部が網の目状に張り巡らされた中間組織、上下向の実践矢印が両者をつなぐ機能を示しています。そしてこの体制は、こうした公認の組織からはみ出し体制批

表9　東ドイツの国民戦線に所属する政党・大衆組織・団体

<table>
<tr><td rowspan="6">国民戦線</td><td rowspan="4">ブロック政党</td><td>政党</td><td>メンバー数　1987年</td></tr>
<tr><td>・ドイツ社会主義統一党　SED
・ドイツ自由民主党　LDPD
・キリスト教民主同盟　CDU
・ドイツ民主農民党　DBD
・ドイツ国民民主党　NDPD</td><td>2,328,331
104,000
140,000
（1987：103,000）
110,000</td></tr>
<tr><td>人民議会に代表権を持つ大衆組織</td><td></td></tr>
<tr><td>・自由ドイツ労働組合同盟　FDGB
・自由ドイツ青年同盟　FDJ
・ドイツ民主婦人同盟　DFD
・文化同盟　KB
・農民相互援助連盟　VdgB</td><td>9,600,067（1988年）
（1989：2,300,000）
1,500,000
277,327（1986年）
（1989：640,000）</td></tr>
<tr><td rowspan="2"></td><td>その他の大衆組織</td><td></td></tr>
<tr><td>・独ソ友好協会　DSF
・反ファシズム抵抗戦士委員会　KdAW
・人民連帯　VS
・ピオニール団エルンスト・テールマン
・DDR 作家連盟　DSV
・Domowina</td><td>（1988：6,400,000）
（1983：2,500）
2,146,000
1,440,385
（1989：931）
（約6万人のソルビア人ないしヴェンド人を代表する組織）</td></tr>
<tr><td colspan="3">代表者が国民戦線に所属する団体例</td><td></td></tr>
<tr><td colspan="3">・ドイツ体操・スポーツ連合　DTSB
・DDR 赤十字</td><td>3.659.000
706,000</td></tr>
</table>

出典：川越 2016b、p. 130から転載。

図７　東ドイツ社会像

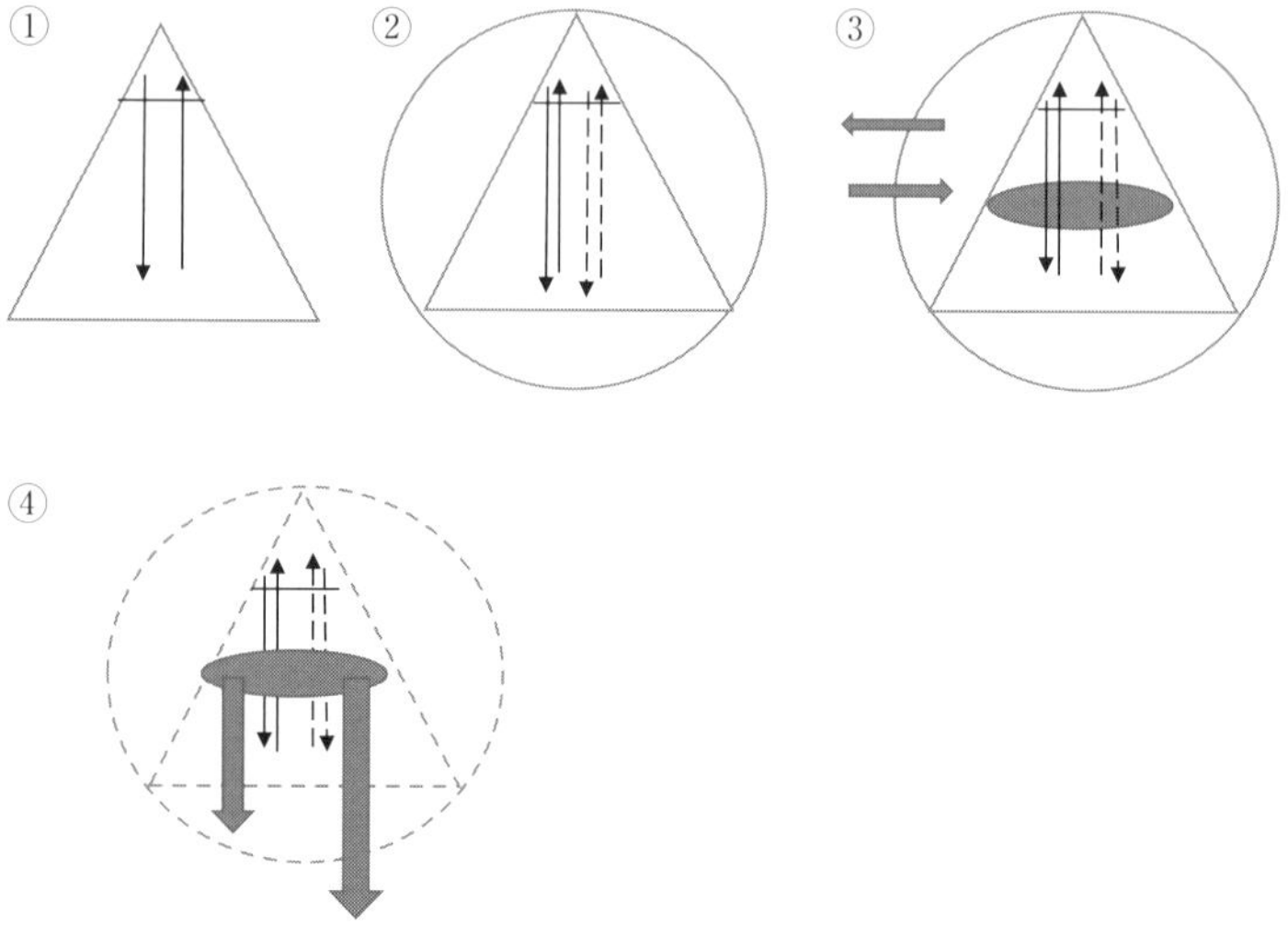

判に向かう可能性のある動きを、シュタージによって徹底的に監視・抑圧するという、もう一つの顔を持っていました。

しかしドイツ統一後に大量に産出された東ドイツ研究によって、こうした東ドイツ社会のイメージにも修正が加えられています。図７②は、そうした研究の一つ（Pollack 1990）を手がかりに、図７①を二点にわたり補正したものです。第一点としては、体制の安定化メカニズムを理解するうえで、図では円で示されている国境（壁）によって西側社会との間を厳重に封鎖された、地理的な移動性の低い閉鎖社会であったことが改めて強調されています。そして第二点としては、内部のヒエラルヒー構造の維持を促した要因として、政策（ホーネッカー時代には「経済政策と社会政策の統一」が標語となります）による市民（以下では一般の、多くは何らかの中間組織に組み込まれていた東ドイツの人びと*を一九八九年の社会の動きを視野にこの言葉で表記します）へのサービスの提供（そのなかには前にも述べたように住宅費や交通費補助、さらには物価安定化のための多額の補助金を通じた日常生活の安定化策が含まれます）というベクトル（図中の下方に向かう破線矢印）と生活安定とこの社会から抜け出す道が閉ざされていることを前提にした市民の政権への「消極的」同意というベクトル（同じく上方への破線矢印）の均衡という要素が組み入れられています。

*　ちなみに、一九八八年時点での主な「社会的組織」の会員総数を就業可能年齢人口数で単純に割れば、一人当たり二・六組織に加入していたことになります（Hübner 1995, p. 1729）。

それによってポラックは、東ドイツの「組織社会」の安定化メカニズム（彼の言葉でいえば「恣意的な上意下達と沈黙する多数者の弁証法」）を捉えようとしているのですが、こうした彼の「組織社会」論には同時に、東ドイツ社会を不安定化させる二つの動因が組み入れられていると理解できます（図7③）。すなわち、第一は国境の閉鎖性を崩す東西両方向からの動き（反体制的な知識人などの国外追放、高齢者への移住許可、さらには命がけの逃亡などを通じた東ドイツから西ドイツに向けたヒトの流れと、貸付や援助という形をとったカネ、メディアを通じた情報、相互の交流拡大によるヒトの西ドイツから東ドイツに向けた流れ）であり、第二は経済の停滞によって生活の安定が損なわれた場合に表面化する、「沈黙の同意」の揺らぎという動因です。この二つの動因が一九八九年における東ドイツ社会の崩壊を生み出すことになると彼は捉えているといえるでしょう。

なお、図7①②③の形をとった東ドイツ社会像の検討（この点については、改めて第三章で触れることになります）は、それ自体を目的としたものではなく、図が複雑化するに応じて東ドイツ社会を生きた人びとの多様な生き方が可視化されることになることに意味があります。それによってどんな生き方が可視化されるのかについては、第二・三章を見てください。

私は以下において、こうしたポラックの東ドイツ社会理解にさらに二つの論点を組み入れることによって、一九八六年のチェルノブイリ原発事故から一九八九年の激動に至る東ドイツ社会の動きを読み解いてみたいと思います。第一の論点は、約四〇年に及ぶ東ドイツ社会における世代をめぐるものです。そしていま一つの論点は、図7③にある黒く塗りつぶされた楕円にかかわるものです。これは東ドイツの広く張り巡らされた中間組織の内部で上述の下向と上向のベクトルがぶつかり合っていることを示そうとしたものです（この二つの論点について私は Lindner 2003a, b および Hübner 1995から大きな示唆を受けました）。

東ドイツ社会における世代と中間組織

リンドナーは、約四〇年にわたり東ドイツには性格を異にする三つの世代が存在したと考えています。彼が「建設世代」と名付ける第一世代は、一九三〇―四〇年生まれで、第二次世界大戦後から一九五〇年代半ばにかけて青年期に入った世代です。この世代は一九六一年八月のベルリンの壁建設以前に東ドイツから流出した約二七〇万人のかなりの部分を占めましたが、東ドイツにとどまった若者の三分の二は、新しい社会主義体制と折り合いをつけた生き方を摸索したとされています（ほかに五％が「確信的模範層」、一〇％が「日和見的出世主義者」）。彼らにとっては、ＳＥＤや若者の大衆組織として一九四六年に創設された自由ドイツ青年同盟（ＦＤＪ）は、いまだ大きな影響力のある組織ではなかったのです。

次の「統合された世代」（一九四五―六〇年生まれ、壁建設から一九七〇年代半ばに青年期を迎える。メルケルはこの世代に属します）は、一九六三年以来の経済発展、一九七一年に始まるホーネッカー時代の「経済政策と社会政策の統一」政策や西ドイツとの関係の改善、若者文化の許容範囲の拡大を受けて、東ドイツ社会に一体感を抱き、それへの積極的な適応をはかった世代です。子供時代（六歳から一四歳）にピオニール団に所属した後にＦＤＪ（二五歳まで）に入り、一五歳で成年式を迎え大人への仲間入りを祝うというのが、大部分の若者の定型化されたライフコースとなったとされています。こうした意味においては、ＦＤＪは東ドイツ社会における体制同調的中間組織と捉えることができます。

　この世代に続く、一九六一―七五年生まれで一九七〇年代半ばから東ドイツの崩壊までの間に青年期に入った世代は、「打ち解けない世代」という名称が示す通り、東ドイツの「豊かさ」を当然のものとして享受する一方で、前節でも明らかにしたように、社会主義への「親近感」を失うとともに西側の文化にはけ口を求め、ＦＤＪからも距離を置いた世代とされています。ここからは、一九八〇年代にＦＤＪの体制同調的機能が弛緩してきたことを窺うことができるでしょう。

　なおリンドナーは最後に、一九七五年以降に生まれ一九八九・九〇年にちょうど青年期に入った、「統合された世代」の子供たちを「寄る辺なき世代」と名付け、統合されたドイツ社会になじめず、いわゆる東ドイツへのノスタルジー（ドイツ語の東とノスタルジーを合成したオスタルギー Ostalgie という言葉で表現されています）に駆られがちな親世代と異なり、「攻撃性」が強く「暴力への傾斜」傾向が見られると指摘していることを付け加えておきたいと思います。最近のドイツにおける排外主義的な「ドイツのための選択肢」（ＡｆＤ）運動の支持層の一角をなす人びとです。

こうした東ドイツの若者に見られる世代間の相違を、「国民戦線」の代表的な組織であるＦＤＪ（表9によれば、一九八九年時点でも約二三〇万人のメンバーが登録されていました）が各世代に対して持った意味や役割と関連付けて論じるリンドナーの視点は、ヒューブナーによる東ドイツの大衆組織をめぐる研究状況の整理と突き合わせると、一九八〇年代半ばのチェルノブイリに揺れる東ドイツ社会の状況を、市民たち、とりわけ若者たちの日常生活に組み込まれていた中間組織を手がかりに読み解こうとする私たちに大きな示唆を与えてくれるものとなります。

一九九五年時点での研究状況についてヒューブナーは、東ドイツにおける大衆組織の役割についての研究は「日陰の存在」であると述べています。すなわち、大衆組織が東ドイツ市民の日常生活にしっかりと組み込まれていながら、表面上の組織形態、各組織のプログラム、さらには会員数など統計上の数値を除き、大衆組織における「体験」や「日常生活への影響力」についての研究が欠如しており、これらの点については、リンドナーのいう「建設世代」に対するインタビュー記録のような研究（Niethammer u. a. 1991を参照）を見るほかはないというのです*。

＊　私がかつて研究した東ドイツの人民連帯という中間組織についても、主要な研究関心は統一後の組織の変遷に向けられており、こうした研究状況は、二〇一〇年代に至るまで大きな変化はないように思われます（川越 2016a, b 参照）。

この点を踏まえ、ヒューブナーは、地域レベルで資料を掘り起こし事例研究を積み重ねる必要性を強調するとともに、その際留意すべき点を二つ指摘しています。一つは「労働者家族にとって近い大衆組織」（子供・若者向けのピオニール団やＦＤＪ、女性向けのドイツ民主婦人同盟、高齢者向けの人民連帯が想定されています）に関心を向けることであり、いま一つは「党の方針の伝動ベルトとしての機能と一般メンバーの求めるものがぶつかり合っているところで、何が起こっているか」（先に触れた図7③における楕円の部分）を問題とすべきことです。

揺れるＦＤＪと若者

以下ではこうしたヒューブナーの指摘を念頭に、リンドナーが言及していたＦＤＪに的を絞り、一九八〇年代の東ドイツにおける若者と中間組織のかかわりを、多くの内部文書を含む優れた研究（Mählert/ Stephan 1996）にしたがって検討することにしたいと思います。ちなみにメーラートは一九六八年生まれ、一九九六年当時はマンハイムのヨーロッパ社会研究センター所属。一九六一年生まれのシュテファンは一九七五年から八六年までＦＤＪメンバーであり、一九七九年から八四年までライプツィヒで歴史学を学んだ経歴を持っています。この本は東ドイツにおけるＦＤＪの歴史を、設立から解体までの全期間にわたって扱っていますが、ここで検討するのは、一九七三年から一九八七年までを扱った第6章（「停滞と焦り」）と一九八八年から一九九〇年の時期にかかわる最終章（「苦悶と破綻」）です。

この二人によると、ＦＤＪに一九七一年のホーネッカー政権の誕生を印づけたのは、一九七四年一月二八日付の「青少年法」（「発達した社会主義社会の形成への青少年の参加およびドイツ民主共和国における青少年のあらゆる面での育成に関する法律」）と、エゴン・クレンツの組織トップ（ＦＤＪ中央評議会第一書記）への就任でした。同法第二条四項が「社会と国家は自由ドイツ青年同盟の活動を支援する。国家と経済の指導部と教師および教育関係者は、自由ドイツ青年同盟とともに青少年を社会主義的に育成する義務を負い、また自由ドイツ青年同盟の決定を尊重するものとする」と定めていること、さらにクレンツが若いときからピオニール団やＦＤＪの指導的な地位に上りつめ、一九八九年一〇月にはホーネッカーに代わる地位に就くことを考えると、ホーネッカーの下でＦＤＪの体制同調的な機能がより明確に打ち出されたといえるでしょう。さらに一九七四年の一〇月に、東ヨーロッパの社会主義諸国がソ連との間の天然ガス・パイプラインの敷設に着手したとき、東ドイツではＦＤＪが工事推進の委託を受けこれに注力したことは、この組織がＳＥＤの方針の「伝動ベルト機能」を果たしていたことを改めて浮き彫りにしています。

　こうしたＦＤＪの活動を揺さぶったのは、国際情勢の動きでした。まず、一九七五年七月にヘルシンキで開催された全欧州安全保障協力会議において首脳会議が発した合意文書の影響が考えられます。そこにおいてアメリカとカナダを含む全三五か国（そのなかには東ドイツなどの社会主義国も含まれていました）の首脳らは、旅行の自由化、西側の新聞などの入手可能性の拡大、外国との職業的なつながりの強化といった点で合意しましたが、東ドイツ国内ではその詳細は明らかにされず、合意も実行に移されることはありませんでした。ここでもホーネッカーの「二つの顔」（外向きの柔軟さと内向きの強権）の使い分けが見られるのですが、この時点でこうした状況に対して反発したのは芸術家や科学者、教会関係者といった知識人層に限られていました。しかし、国内では政権交代当初の融和的政策から引き締め政策（政権に批判的な詩人・歌手ヴォルフ・ビアマンの市民権剥奪による事実上の追放がこれを象徴しています）に舵を切り始めていたホーネッカー政権の下で、彼らには状況の転換を進める可能性は閉ざされていました。

国際的な動きの第二波には、すでに言及した、核エネルギー問題が大きくかかわっています。すなわち、アメリカにおける一九七九年三月のスリーマイル島原子力発電所事故と、一九七六年のソ連における核ミサイル配備、一九七九年一二月のＮＡＴＯによるアメリカの新型核ミサイルのヨーロッパへの配備計画承認、一九八二年七月のソ連による東ドイツへの核兵器配備へと続く核戦力強化の応酬によって核戦争の危機が現実化することになり、西ヨーロッパ諸国では大規模な反原子力発電、反核ミサイル配備の運動が展開されたのです。これに対し東ドイツ政府は、一九七八年九月から施行された青少年（第九・一〇学年の男女）に対する兵役準備教育の義務化や一九八二年三月の新兵役法で対応しようとしました。こうした状況のなかで、一九八〇年代に入ると東ドイツ国内でも、「これまでほぼ抑え込まれていた「自律的な」青少年運動」が表面化しますが、ＦＤＪの活動には何らかの変化が見られたのでしょうか。ここでは、かつてＦＤＪメンバーだったシュテファンを共著者とする研究からの引用によってこの点を確認することにします。

> 一九七〇年代末、東ドイツにおける内政上の状況はかなり切迫していた。若者たちは、一面では状況がどのように硬化するか、他方では自分たちにどこまで活動の余地が残っているかを注意深く見守っていた。しかし、こうした「大きな政治」の向こう

側で、ＦＤＪのグループや学校、専門教育機関、職場での基盤組織における日常はこの間に慣れ親しんだのと同じ形で淡々と続いていた。

一九七〇年代の終わりごろ、東ドイツの中小都市で、ＦＤＪは一五歳から一七歳くらいの若者たちにとってどのような存在だったのだろうか。この年齢の若者たちは基本的に一般教育総合技術学校（ＰＯＳ）の九ないし一〇年生であった。第一〇学年が終了すると一〇から一五％は通学を継続する（大学進学資格獲得で終了する拡張上級学校）。大部分の若者は一〇年生終了後、職業教育を受け始めるが、なかにはそこで資格を獲得し大学進学を目指す者もいた。東ドイツでは大学進学者数および教育課程を終えた者への就業斡旋は中央官庁の予定計画人数によって制限されており、担当委員会がこれをコントロールしていた。

この年齢のＰＯＳ生はほぼすべてＦＤＪに加入していた。一四歳のピオニール団員はそれぞれ第八学年の一二月に、だいたいは祝賀の催しにおいてＦＤＪに加入が認められていた。学校のクラスがＦＤＪのグループになる。各学校のグループは基本組織としてまとめられ、ＦＤＪの書記（授業の一部が免除される比較的若い教師）がこれを率いていた。ＦＤＪの活動の大部分は定期的に繰り返される催しからなり、授業の終わった午後に、平均すると少なくとも月三回は月例の会員集会やＦＤＪの学年会、さ

らには文化ないしスポーツの催しが開かれていた。（Mählert/ Stephan 1996, pp. 213–214）

転機としてのチェルノブイリ

こうした、ＦＤＪが若者の日常生活の一部となって体制の安定化に寄与するという状態が変化し、ＦＤＪの指導部と一般会員の間の乖離が表面化するのは、一九八六年のチェルノブイリ原子力発電所事故により、教会の庇護を受けた「自律的」な社会運動が目に見える形をとり始めてからのことでした。その変化に関する重大な証言を、私たちは一九八〇年代前半における青少年の意識変化を検討した折に言及したライプツィヒ中央青少年研究所の所長フリードリヒが一九八八年六月にクレンツ（当時は政治局員、党中央委員会書記）にあてた報告のうちに見出すことができるので、再び長い引用になってしまいますが、訳出しておくことにしましょう。フリードリヒは、長年にわたる青少年の意識調査の結果を念頭に、次のように報告しています。

　この間に行われた研究調査は、かつての評価〔前節参照〕が、特にイデオロギー上の意識に関して正しかったという点で一致しています。この〔意識変化の〕過程の勢いはここ一二か月の間にさらに強まり、いまでは以前より早くなっているのです。

いま新しく起こっているのは、学生たちにもこの傾向がより強く見られることです。彼らには長い間、こうした傾向は見られませんでした。したがっていままでは、イデオロギーの中身や考え方の強弱に関しては若者の階層間でかなりの相違が見られるにせよ、わが青少年たちのあらゆる層が、特定のイデオロギー上の社会的状況に対しより批判的な判断（批判的に距離をとったり、参加をしり込みしたりするなど）を持つに至っているのです。

〔中略〕

ＦＤＪは青少年の真の、そして多様な関心に応えることがあまりに少なく、あまりに多くを指図し、時代遅れのやり方で活動し、メンバーの自主決定と自主活動の余地はあまりに狭い、というのがよく繰り返される主張です。

こうした判断や気持ちは青少年団体の活動に対する受け身の関係を促しています。

ＦＤＪを辞める青少年の数が増加しています。多くの生徒、職業訓練生、学生たちは慣例やあらかじめ決まっていることに従って、あるいは何らかの悪影響を恐れて会員になっているにすぎません。ＦＤＪに求められることは、特に各人固有の関心や、若者たちの自立に向けた活動や自己意識への配慮をめぐって増え続けていますが、Ｆ

ＤＪは原則として昔から変わらないやり方で活動しているのです。（Mählert/ Stephan 1996, pp. 250–251）

チェルノブイリ原発事故のころには、ヒューブナーのいう「党の方針の伝動ベルトとしての機能と一般メンバーの求めるものがぶつかり合っているところ」で何かが起こっていることは、もはや隠しようもなくなっていました。そしてさらに事態が進行した一九八七年時点でもなお、ＦＤＪの指導部がフリードリヒの勧告に耳を貸さず、一般会員の離脱に対して手をこまねいている間に、東ドイツ社会は、眼に見えるようになった新しい体制批判的な中間組織の活動を抱え込みながら、一気に一九八九年に向かって動いていくことになります。この転換の意味を理解するために、そして一九八九・九〇年に東ドイツ崩壊に向けた動きの中心地になったライプツィヒおよび東ベルリンに目を向けるために、次章では再びメルケルに道案内を頼んで、チェルノブイリ前夜の東ドイツ社会へ旅をしてみましょう。

第二章　顕在化する「社会の劣化」

1　ライプツィヒと東ベルリンのメルケル

第一章第1節の最後に紹介した「卒業間近の事件」を経て無事に大学への関門をクリアしたメルケルは、大学への進学のため一九七三年に長年住んだテンプリーンを離れることになります。彼女は何を、どこで学ぼうとしたのでしょうか。この問いへのメルケル自身の答えを糸口に、彼女の語るところに従って、一九七〇・八〇年代の学生生活から垣間見える東ドイツ社会の様相を検討することが本節の課題となります。

物理学を学びにライプツィヒへ

【ミュラー＝フォッグ】あなたの好きな科目は何でしたか？

【メルケル】ロシア語と英語でした。

【ミュラー＝フォッグ】物理ではないのですか？

【メルケル】ええ、違います。物理はいつだって憎さ半分だけど好きという科目でした。それは私が最高点の五をとった唯一の科目でした。物理には、電流計算に関するいわゆる右手の法則がありますが、私は何でも左手で苦もなく計算していました。その他もすべて問題ありませんでした。私には物理学の理論はとても面白かったです。私はアインシュタインの相対性理論を理解したいと思いましたし、ロバート・オッペンハイマー周辺で原子爆弾を製造した人びとが考えていたことをわかりたかったのです。ほかにもいろいろありました。大学での専攻を決めるにあたっては、物理学に対しての推薦を得られたことが最後の決め手となりました。もし心理学を専攻したいと思ったとしても、推薦は得られなかったことは確かです。（Merkel 2005, pp. 49–50）

この選択の前提として、メルケルは他の多くの牧師の子供と違って、一般には人気がなく入りやすい神学関連の専攻を選ぶ道を選ばなかったことが挙げられますが、なぜだったのでしょうか。彼女は次のように語っています。

【ミュラー＝フォッグ】福音派の牧師の家庭からは、多くの神学生が誕生するのが常でした。あなたはかつてこの考えに動かされたことはありませんでしたか。

【メルケル】ええ、決してありません。どうして考えなかったかについては、いまでは正確にいうことはできないのですが。私の両親がやってきたことを、私は尊敬していました。でも私は、宗教とは関係のない仕事をしたいとずっと思っていました。

（Merkel 2005, p. 41）

そして、ライプツィヒの大学を選んだ理由にも、両親との「距離」が挙げられています。

【ミュラー＝フォッグ】アビトゥアの後、あなたはライプツィヒの大学に進みますが、それは意識的にご両親の家から離れたいということだったのですね。

【メルケル】そうです。私は何より小都市から出たかったのです。ベルリンの大学では、そもそも両親の家とテンプリーンに近すぎたのです。ライプツィヒを選べば、ともかくなかなか帰れないとわかっていました。（Merkel 2005, pp. 54–55）

私たちが依拠しているメルケルのインタビューでは、このライプツィヒでの生活についてはあまり具体的には語られていません。そこでここでは東ドイツ時代のメルケルの伝記におけるライプツィヒ時代についての記述（Reuth und Lachmann 2013, pp. 82–99）を手がかりに、当時のライプツィヒの大学（カール・マルクス大学）とメルケルの学生生活について簡単に紹介しておきましょう。

カール・マルクス大学におけるメルケルの学生生活

当時のライプツィヒの大学は、カール・マルクス大学という名前が示すように、ＳＥＤ政権下にあって、「最大規模で、マルクス・レーニン主義の牙城」とされた大学でした。その一端は、メルケルのような物理学専攻希望の学生にも求められる事項を記した「勉学の手引き」からも明らかになります。すなわちそこでは、「本学で学ぶことを希望する者」は「これまでの学習の成果を通じて志願者がわれわれの社会主義的社会秩序に身をささげうることとその意思を有していることを証明しなくてはならない。志願者は、社会主義的意識、社会活動、非の打ちどころのない振る舞い、すぐれた教養、および確固たる政治的知見において傑出していなければならない」とされていたのです。そしてＳＥＤによって「大学での勉学の全課程にイデオロギーが貫徹しているかがコントロールされている」という状況に置かれていました（Reuth und Lachmann 2013, pp. 86–87）。

こうした大学の状況と自然科学系のハードな勉学条件の下、メルケルは、テンプリーン以来のＦＤＪの活動やゼミの仲間（図８）との飲み会などに参加はするものの、勉学に集中せざるをえない毎日を送ったと回想しています。事実、東ドイツ改革論者だった大学卒業資格論文の指導教官との出会いや、ヴォルフ・ビアマンの国外追放（一九七六年）にも、彼女は大きく動かされることはありませんでした。

そんなライプツィヒでの生活に彩りを与えたのは、一九七四年にＦＤＪの活動などを通じて知り合った、同い年の学生ウルリヒ・メルケルの存在でした。彼女はウルリヒと、大学が国家の委託を受けて組織した「社会主義青少年交流」の枠で、モスクワやレニングラードに旅行をしたりしています。そして、二人（図９）は出会いから間もない一九七七年に、テンプリーンの教会で結婚します。式にはライプツィヒから、メルケルの友人で化学を専攻していたエリカ・ヘンチュが出席していますが、彼女の名前を私たちは、一九八九年にメルケルと連名でクリスタ・ヴォルフにあてた書簡に見出すことになります（第三章第3節参照。なお作家としてのヴォルフについては本章次節参照）。

でもアンゲラとウルリヒ・メルケルは、ライプツィヒでの勉学の終わる一年前の時点で、なぜ結婚を急いだのでしょうか。ここからは再びアンゲラ・メルケルへのインタビューに戻りましょう。

図8　カール・マルクス大学（ライプツィヒ）時代のメルケル（前列中央）とゼミのグループ

出典：Reuth und Lachmann 2013, p. 88.

【ミュラー＝フォッグ】あなたの最初の夫〔ウルリヒ・メルケル〕はあるインタビューで、結婚した現実的な理由として、同じ都市で二つの働き口があったことを挙げています。となるとロマンスはどこに行ってしまったのですか？

【メルケル】私の最初の夫と私は、もちろん愛し合っていましたし、これから一緒に過ごすことが出発点となっていました。でも東ドイツでは、同じ場所で共通の住まいと仕事を手にできるのは結婚している場合に限られていました。となるとお互いの関係のなかで自分を確かめる時期は往々にして短くなります。私のお答えの要点はそこです。最初の結婚に対する私の一見したところ感情のこもらない言葉は、おそらく私たちはあの当時すぐに結婚せずにしばらく待つべきだったのではないかといまの時点から振り返って自問することを含意しています。

【ミュラー＝フォッグ】お二人は、住まいを手に入れるために結婚した唯一の若い東ドイツ市民ではなかったのですね。

【メルケル】ええ。東では西よりも早く結婚していました。でも、東ドイツでは若いカップルは愛など関係なく、ただ住まいが欲しかっただけだと考えてはなりません。愛がなければ、そもそも一緒の住まいなどたいして魅力はないですから。しかし、一緒に暮らしたいと思うなら、早く結婚することが早道でした。（Merkel 2005, p. 56）

図9　メルケルと最初の夫（ウルリヒ・メルケル）

出典：Reuth und Lachmann 2013, p. 90.

ここで語られているのは、当時

の東ドイツでは、就学中の若いカップルが一緒に住む住居を獲得することと卒業後の仕事を見つけることを同時にかなえようとすれば、結婚することが早道になるということでした。では、そうした事情からとはいえ、一九七八年に優秀な成績で卒業資格論文に合格する前に結婚を急いだアンゲラ・メルケルにとって、就職活動と家探しはどのようなものだったのでしょうか。

就職活動とシュタージの影

メルケルは当初、研究機関以外での仕事を検討しましたが、その問題点がクリアになるや、大学でのポストに目を向けます。その進路に立ちふさがったのはシュタージでした。

【ミュラー＝フォッグ】すでにあなたの職業選択についてお伺いしましたが、あなたが研究に行きついた経緯はどのようなものだったのですか?

【メルケル】ビッターフェルトの化学企業には行きたくありませんでした。またベルリンの発電所の状況も見に行ってみました。そこでは、私の理論物理学の勉強と現に存在している社会主義の下での企業の日常との間の隔絶が十分に明らかとなりました。ですから私は、大学で助手のポストを得ようとしたのです。

【ミュラー＝フォッグ】イルメナウ工科大学ですね。

【メルケル】ええ。でも無駄でした。というのも、私はそこで要求されたままにシュタージのために働くつもりはなかったからです。その後、すでに友人らが働いていた東ベルリンの科学アカデミー物理化学中央研究所に行くチャンスが訪れました。

【ミュラー＝フォッグ】シュタージから声を掛けられたときは驚いたのではないですか。

【メルケル】ええ、そういえます。イルメナウでの働き口のための面接がすでに嫌な空気に覆われていました。私はちょうどジョージ・オーウェルの『一九八四年』を読んだところで、いわば全面的な監視国家のイメージがあったうえに、ひどい風邪をひいていました。そんなときに不愉快な面接を、それも不愉快きわまる人事担当幹部同席の下で受けたのです。何とまあ、彼は私が大学で何をしていたか、誰とコンタクトを持っていたかを詳細に知っていました。彼は、助手のポストを得たいと思うなら、教会にいるところを目撃されるのはよくないと理解させようとしました。しかし私のことですからこの面接で騒ぎたてようとはしませんでしたが、このやりとりで立場を悪くしたとは思いません。そこにいることは不快だったことはさておき、私の判断については保留しておきます。大問題はそれからでした。私がこの面接のための移動に

> 要した費用を請求するために旅費の窓口に行ったときのことでした。私は階段で二人の男から声を掛けられたのです。
>
> 【ミュラー＝フォッグ】彼らが何をしようとしたか、あなたにはすぐわかったのですね？
>
> 【メルケル】彼らはごく普通に、シュタージの者だと名乗りました。私は彼らにかなり早口で、何らかの協力をするつもりはないと言いました。それからさらに、こうした場合への私の両親からの教えに従って、私は黙っていることはできないし、いずれにしてもすべて話しますと言いました。それでシュタージへの協力の件は片がつきましたが、イルメナウのほうも終わりになりました。（Merkel 2005, pp. 57–58）

カール・マルクス大学での勤勉な勉学生活と、優秀な成績にもかかわらず、メルケルにはシュタージの影が付きまとっており、それが彼女たちの卒業後の生活に暗い影を投げかけていました。しかしそんな折に、先の引用にあったように、友人からの情報で、東ベルリンで仕事を得るチャンスがめぐってきます。今度はシュタージの妨害はなかったのでしょうか。

【ミュラー＝フォッグ】東ベルリンの科学アカデミー物理化学中央研究所ではあなたをそれでも受け入れました。

【メルケル】アカデミーは、党の方から見ると、研究をし、博士号を得ることはできるが、教育は行わないという利点を持っていました。学生たちとのコンタクトはありませんでした。国家の目から見ると、反抗心がそこで花開くことはない以上、危険はなかったのです。（Merkel 2005, p. 58）

東ベルリンへ

こうしてメルケルたちはライプツィヒでの生活に区切りをつけ、一九七八年に、メルケルの生活に大きな転換をもたらす東ベルリンに移り住むことになりました。結婚し、就職先を確保するところまでは何とかうまくこぎつけましたが、住むところは難題でした。

東ドイツでは、積極的な住宅政策（改築や新築、家賃補助など）によって、住宅の充足度と満足度は高かったといわれています。しかし統計をよく見ると、深刻な問題が浮上します。例えば、住居に対する年齢階層別の満足度を示した一九八〇年代末の統計では全体的に確かに高い満足度が示されていますが、満足していない人びとの割合を見ると、年齢が低いほどその割合が高いことがわかります。すなわち自分の住まいに「不満、ないし非常に不満」な人の割合は、一八—二五歳で二九・四％（ほかにおそらくは親の家に住んでいるといった理由で、この年齢層だけ一七・一％が「該当せず」と答えています）、二五—三五歳で三三・一％であるのに対し、三五—四五歳一五・五％、四五—六〇歳七・六％、六〇歳以上三・九％となっているのです（Winkler, hrsg.v., 1990, p. 168）。メルケルたちの例でもわかるように、西ドイツと比べ結婚年齢の低かった東ドイツでは、若者たちは住居難と無縁ではありませんでした。

　東ベルリンにやってきたメルケルたちにも住居の確保は難題だったはずです。それでも彼らは当初、東ベルリンの中央地区（ミッテ）のマリエン通りに住まいを得ることができました。さらに一九八一年に二人が別居し、さらに翌年離婚した後は、それよりも北東に位置したその名もテンプリーン通りが彼女の住まいとなりました（図10参照）。

　このように書くと、大きな困難はなかったように見えますが、そうではなかったことは、二〇一三年九月三日にベルリンの日刊紙が配信した記事*からも窺えます。すなわちこの記事によれば、これらの住まいは、空き家になっていたのを「行政に家賃相当額を支払ったうえで占拠」したものだったと、メルケル自身が認めているのです。

図10　東ドイツ時代の東ベルリン中心部

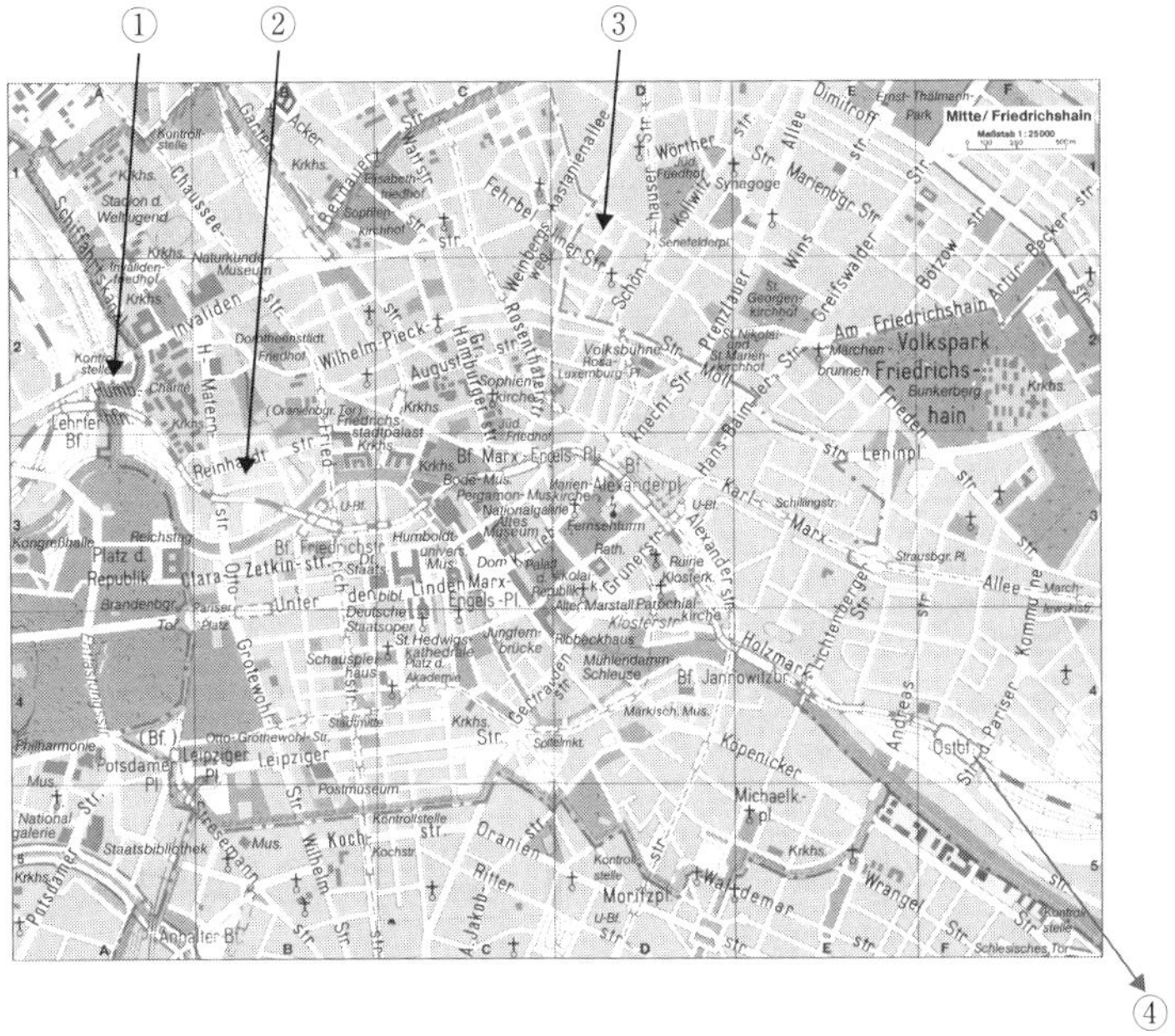

①ベルリンの壁

②Marienstraße：東ベルリンにおけるメルケルの最初の住居

③Templiner Straße：離婚後のメルケルの住居

④Adlershof：科学アカデミー物理化学研究所の所在地。S-Bahn の Ostbahnhof 駅（1987年に中央駅に改称）から Ostkreuz 駅で乗り換え 8 駅目。

出典：*Der grosse Baedeker Berlin* 1990（5. Auflage), pp. 382–383.

＊ https://tagesspiegel.de/politik/geschichte-vertretung-in-schule-angela-merkel-outet-sich-als-hausbesetzerin/8734904.html. 二〇二一年四月九日閲覧。

さてこうした経緯はさておき、東ベルリンでのメルケルの生活はどのようなものだったのでしょうか。彼女は、ベルリンの壁近くのどちらの住まいからもかなり離れたアドラースホーフ（図10④）にあった科学アカデミー物理化学中央研究所で働くとともに、博士学位論文の作成に取り組みましたが、生活は決して楽しいものではなかったようです。その救いとなったのは、かねてから参加していたＦＤＪの活動でした。そしてこれに関してもインタビューアーの質問は、彼女がＳＥＤと対立するような政治的活動を行ったかどうかに向けられます。メルケル自身の答えは、「否」でしたが。

【ミュラー＝フォッグ】イルメナウでの経験にもかかわらず、あなたはアカデミー時代、ＦＤＪの文化担当者でした。何が動機だったのですか？
【メルケル】私は最初、アカデミーで本当に孤独だと感じていました。夫と私は壁のそばに住んでいましたが、毎日このあたりの道を歩くのは憂うつでした。それはライプツィヒでの勉学の後に経験した大きな変化でした。あるとき、誰かが私に、研究所でＦＤＪの文化関係の仕事をやってみる気はないか、そこでは少なくとも若者に会い、劇場に行ったりできるから等々と尋ねてきました。それは私には、最初の夫が家付き虫だったこともあって、素晴らしい提案でした。

【ミュラー＝フォッグ】ところで、ＦＤＪは余暇の催しをするだけではなく、政治的組織でもありました。それは間違いですか？

【メルケル】もちろんそれは間違いではありませんし、正にそのとおりです。でも注意していただきたいのは、東ドイツでは、多くの共同活動は何であれ政治的組織を介して展開されていたということです。それがまさに指導原理だったのです。それは金銭をめぐること一つをとってもそうです。例えば、ＦＤＪは劇場のチケットに一・五マルクの補助をしていました。討論グループが部屋を必要とする場合も、破壊活動をしようとするのでなければですが、ＦＤＪを介してのみ可能になりました。ですから、ＦＤＪを避けて通る可能性はほとんどありませんでした。しかし、当然のことですが、ここまではいいと思う以上に引きずり込まれるというリスクが間違いなくありました。私はＦＤＪでキャリアを積むつもりはありませんでしたし、グループ指導部はいうに及ばず、その他およそ考えられる限りのキャリアを積むつもりもありませんでした。そう見ると、すべては綱渡りだったのです。いまから思うに、もし研究所に最初から友人がいたら、ＦＤＪを介しての人づき合いは必要なかったと断言できます。しかし、言っておきたいことは、何をし、何をしないかを、私はあらかじめ頭に入れていたということです。

【ミュラー＝フォッグ】当時のあなたの研究所の同僚であったハンス－ユルゲン・オステンは、現在はハノーファーの大学教授ですが、ＳＥＤの党員であり、あなたのＦＤＪにおける「上司」でした。彼はあるインタビューで、あなたが実は「政治的宣伝活動とプロパガンダ」を担当していたのか、それとも文化担当に過ぎなかったのか、いまとなってはわからないと述べています。いずれにしても、あなたは、例えば自殺についての討論のように、ＳＥＤにとってひどく気にさわる類の催しを組織していたと言っています。

【メルケル】申し上げたように、私は文化担当でした。でも、私たちがしばしばＳＥＤの公式の楽観的な世界像にはそぐわないテーマに取り組んだことは、事実です。（Merkel 2005, pp. 58–60）

こうした東ベルリンでの生活のなかで、メルケルは完成させた博士論文を一九八六年の一月八日に提出し、理学博士の学位を獲得しました。しかし、その三か月後の四月末に起きたチェルノブイリにおける原子力発電所の大事故は、東ドイツ社会で進行していた「劣化」を一挙に白日の下にさらけ出すことによって、メルケルを含む多くの東ドイツの人びとを激動の渦に引き込んでいくことになります。

2　チェルノブイリの衝撃——転機としての一九八六年

本節では、一九八六年のチェルノブイリ原子力発電所における大事故が東ドイツ社会に与えた衝撃を明らかにするために、西ドイツや日本における事故への反応も視野に入れて、この事故がどのように受け止められたかについて比較検討することにしましょう。

ゴルバチョフの回想と日本の論調

チェルノブイリはわが国体制全体の多くの病根を照らし出した。このドラマには長い年月の間に積もり積もった悪弊がすべて顔をそろえた。異常な事件や否定的なプロセスの隠蔽（黙殺）、無責任と暢気、なげやりな仕事、そろいもそろっての深酒。これは急進的改革が必要であるもう一つの確実な論拠だった。（ゴルバチョフ 1996, p. 382）

この文章は、一九八五年にソ連共産党の書記長に就任し、ペレストロイカ（改革）とグラスノスチ（情報公開）を旗印に「急進的改革」を進めていたゴルバチョフが、ソ連解体後の一九九五年に出版した『回想録』において、チェルノブイリをめぐる節の結びとして書いたものです。日付が一九八六年四月二六日に変わって間もなくチェルノブイリで起きた原子力発電所の重大事故について、当時の「西側」諸国が知ったのは二日後の二八日朝、スウェーデンやフィンランドなど北欧諸国で検知された放射性物質の異常値についての情報によってでした。その後ヨーロッパ諸地域を広く覆った放射性物質汚染やソ連の意図的な情報操作によって世界的な大問題となったこの事故について、ゴルバチョフ自身は上記の引用に見られるいっそうの改革を求めるかの論調とは裏腹に、先の引用個所に先立って次の二点を明言しています。

一つは、「長い思考を重ね、世界的な権威を含む原子エネルギー生産の支持者や反対者の論拠を検討したあげく、私はわが国には当分原子力発電は不可欠であるという結論に達した」というものであり、いま一つは、「世界はチェルノブイリ事故という深淵をのぞいたのにもかかわらず、やはり原発中止といった単純な決定には到達しなかった。フランスはエネルギーの約七〇％を原子力発電所から得ていたし、日本は約三〇％だった。アメリカは、わが国と同様に一〇—一一％。他の多くの国々も原子力発電所なしにはすまされない。当然、安全は死活問題となる。といっていまはエネルギーなしの生活はありえない」というものでした。

では当時エネルギーの約三〇%を原子力発電に依存していたとされている日本の政府は、この事故をどのように受け止めたのでしょうか。一九七八年に原子力委員会から分離し内閣府の下に設置された原子力安全委員会による「ソ連原子力発電所事故調査特別委員会報告書（要約）」の「結論」は以下のようなものでした。

> わが国の安全確保対策の現状を調査した結果、わが国の原子炉施設の安全性が、その設計、建設、運転等の各段階における真摯な努力により、現状においても十分に確保されていることから、今回の事故に関連して、現行の安全規制やその慣行を早急に改める必要のあるものは見出されず、また防災対策についても、わが国の原子炉施設の特徴等を考慮して定めたわが国の防災対策の枠組みを変更すべき必要性は見出されないとの結論を得た。（『原子力委員会月報』32–5、通巻第369号、1987、頁記載なし）

こうした結論に至る前提となっているのは、「今回の事故に深く係わったチェルノブイル《ママ》炉」の「設計上の特徴は、わが国の原子炉施設のそれとは異なるものである」という認識と、「今回の事故は、運転員による数多くの規則違反が重要な要因であった」という原因理解であり、そこから引き出された結論は、「我が国においては、チェルノブイル原子力発電所事故と同様な事態になることは極めて考え難く、今回事故の場合のように広範囲の住民が避難しなければならないような事態に至るとは考えられない」というものでした。先に紹介したゴルバチョフの「回想」と軌を一にするこうした結論の破綻が、二〇一一年にフクシマにおいて白日の下にさらされたことについては改めていうまでもありません。

西ドイツにおけるマスコミの反応

この点を踏まえたうえで、チェルノブイリとフクシマについてはすでに数多く出版されている本（本書は特に高木 2011、開沼 2011から多くの示唆を得ました）の記述に委ねることにして、ここではまず当時の「二つのドイツ」のうち西ドイツの新聞報道を手がかりにチェルノブイリのもたらした衝撃を探ってみましょう。ドイツにおいては、日本とは違って全国紙と地方紙といった明確な区分はなく、それぞれ政治的なスタンスが明確で、地域名を冠してはいるが全国的にも一定の読者を持つ新聞が多数存在していますので、それを網羅的に検討するのは困難です。そこで、事故後四週間という限られた期間の報道記事が選択基準を明示しないまま収録（各記事、ないし見出しを写真版で掲載）されているといった問題を持つとはいえ、貴重な情報を日を追ってコンパクトに紹介している本（Amelungse1987）を手がかりとします。そこに見られる事故直後一週間の報道（数は少ないですが東ベルリンで発行されていた東ドイツのＳＥＤ機関紙『ノイエス・ドイッチュラント』の記事を含みます）と事故から一か月後の報道は、チェルノブイリがドイツ社会に与えた衝撃を如実に物語っています。なお、以下ではこの資料からの引用ないしその紹介であることを示すべく、本文とは文体を変えてあります。

【四月二九日火曜日】ミュンヘン版『ビルト』紙〔当時西ドイツ全体で最大の発行部数を誇っていた大衆紙〕のトップの大見出し：「モスクワ　原子力カタストロフィー。原子炉損壊。ＴＡＳＳ〔ソ連の国営通信社〕確認。死の雲すでにデンマークに――まもなくドイツに？」

そのほか、この日のミュンヘン各紙の記事は、北欧諸国での放射性物質感知、ＴＡＳＳ通信による事故報道、およびソ連政府の不十分な情報開示への批判が中心。『ノイエス・ドイッチュラント』は、以下のとおり、短くＴＡＳＳの配信記事を掲載。「ウクライナの原子力発電所で破損事故：モスクワ（ＴＡＳＳ）　ウクライナのチェルノブイリ原子力発電所で破損事故が起こった。原子炉の一つが破損した模様。この事故の影響を除去するための方策がとられている。被害者には救助の手が差し伸べられている。政府委員会が設置された」。

【四月三〇日水曜日】「南東の風のなか、ストックホルムの人々は何も知らぬまま散歩。日曜の午後から放射性物質増加」（『フランクフルト・アルゲマイネ新聞』）。「不安に駆られ気象官庁に電話の問い合わせ――「一体どこに居れば安全なのか?」」気象担当者の見解――「今日ラインラントでは放射性物質の上昇は比較的僅か」」（『ケルン・シュタットアンツァイガー』）。「原子力技術の悪夢。原子力利用の歴史上最初のＧＡＵ（想定される最大限の事故）」（『アーベント・ツァイツング』ミュンヘン）。「原子炉で爆発」（『フランクフルト・ルンドシャウ』）。放射能汚染への不安と原子力エネルギー技術への懐疑の論調が中心。

【五月一日木曜日】「モスクワの情報筋――可能な限り沈黙を守る」（『南ドイツ新聞』ミュンヘン）。「犠牲者とその運命。公式の数字は信じるに値せず」（『ターゲス・ツァイツング』西ベルリン）。「ボン（西ドイツ政府の所在地。当時はキリスト教民主同盟・キリスト教社会同盟・自由民主党の連立政権）――住民に危険なし。放射性物質上昇せず。政府、モスクワに援助申し出」（『南ドイツ新聞』）。その他、ソ連の情報操作と西ドイツ政府の対応への批判が目立つ。

ただし最後の見出しの後には、「連邦内務大臣は火曜日にボンで、連邦共和国の原子力発電所は安全概念が違うため同様の事故は起こりえないと語った。これに対し緑の党はドイツ連邦共和国のすべての原子力発電所の停止を求めた」という記事が続いている。

【五月三日土曜日】事故発生から一週間が経過したこの日、事態は新たな展開を見せる。「ボン　最初の予防措置を決定」という見出しに続き、「南ドイツでは子供たちが汚染された地域からの生の牛乳を飲むことを当面禁止。東ヨーロッパからの食料品輸入制限拡大。船舶とトラック除染」という「措置」が報じられた（『南ドイツ新聞』）。

この日を境に、漠然とした不安を伝える報道や事態の鎮静化をはかる政府の見解をめぐる報道は、現実のものとなった放射性物質の脅威を伝える報道に転換していく。

『ノイエス・ドイッチュランド』は、「原子力安全・放射線防護」国家委員会の報告として、「比較的低い水準で安定　東ドイツにおける計測結果」という見出しとともに、計測値が一平方メートルあたり四月三〇日二二時半の四〇〇ミリベクレルから五月二日一四時には九六ミリベクレルに低下したとの数字を挙げ、事態の鎮静化をはかるこれまでの報道姿勢を維持。

これに対しミュンヘンの新聞に掲載された、東ベルリンからの「東ドイツの放射性物質、高い値から減少」と題する「独自の取材記事」（署名なし）は、上記のボンの措置を報じつつ、放射性物質の脅威を否定も肯定もしない東ドイツの専門家の見解を掲載（『南ドイツ新聞』）。

【五月五日月曜日】放射性物質の被害への不安をめぐる記事が前面に。西ドイツの連邦国境守備隊が東ドイツとの「国境」（リューベックとベーブラの間）で「七四台の貨物自動車と二〇台の自家用車」の「放射性物質を除染」したという記事（『南ドイツ新聞』）。風が「東ないし南東」から、つまりウクライナの方向からに変わり、放射性物質汚染が心配されるという記事（『デア・シュピーゲル』誌）など。

さらに後者は、「いたるところにチェルノブイリ。ハリスバーグ（スリーマイル島原発に近接）、ウインズケール（イギリスで火災事故を起こした原発所在地）、ゴアレーベン（西ドイツにおける放射性廃棄物処理場の候補地）、ヴァッカーズドルフ（同じく再処理施設の候補地）。すべての原子力施設の即時停止を」という緑の党の「反原子力プラカード」を紹介。

『ノイエス・ドイッチュラント』は、各国からの支援に感謝するとともに、事態はコントロールされており、下心のある「悪意のデマ」は慎むべきだとするTASS通

信の配信記事を掲載。（以上、Amelungse 1987, pp. 268–277）

【五月二六日月曜日】事故からほぼ一か月を経過したこの日の報道で目に付くのは、週末に西ドイツ各地で展開された、反原発の抗議運動に関する記事。それによれば、ヘッセン州のビブリスでは二万人が「ドイツ連邦共和国のすべての核施設、とりわけ南ヘッセン・ビブリスの二基の原子炉の停止を求めて」デモを行ったほか、ザールブリュッケンでは隣接するフランスのカトノムにおける原子力発電所の稼働開始に抗議して、「放射性物質に国境はない」をスローガンに三〇〇〇人がマンハイムからパリに通じる高速道路を「封鎖」、さらに西ベルリンで五〇〇〇人、フランクフルト・アム・マインで六〇〇〇人が、「大きな混乱なしに」反原発行動を展開（『南ドイツ新聞』）。

【五月二八日水曜日】『南ドイツ新聞』は、西ドイツにおける原子炉事故への備えの不十分さをめぐる記事のほかに、「事故後数か月間に新聞に掲載された意見広告」を多数掲載。「平和を求め行動する建築家・設計家団体（ミュンヘン）による意見広告」、「自分たちへの信頼を訴え」た「原子力発電所および核関連施設で働く有志のポケットマネーによる意見広告」、「核エネルギーに反対するバイエルンの女性市民及び市民」による「ヴァッカースドルフ再処理施設阻止」を主張する「意見広告」など。

（同上、pp. 296–301）

チェルノブイリ原発事故をめぐる以上の新聞報道を見る限り、西ドイツにおいてもキリスト教民主同盟・社会同盟を中心とした政府与党と原発推進サイドの言説は日本のそれと軌を一にしており、その点では事故後の日本の言説状況を一概に特殊とすることはできないといえます。他方、ドイツと日本の報道から見て取れる相違点としては、西ドイツの報道においては、時間の経過とともに放射性物質汚染に対する根強い「不安」が現実のものとして社会に浸透していくこと、さらには、上記の引用に付加した事故から一か月たった時点での新聞紙面から窺えるように、そうした「不安」を背景に核エネルギー関連施設への抗議活動が活発化し、大きく取りあげられていることが挙げられます。そしてこうした西ドイツでの報道と比べ、東ドイツにおける報道の消極性が際立っている点を見逃すことはできません。

東西ドイツにおける政治的対応の比較

ついで以下では、東西ドイツにおけるチェルノブイリへの政治的対応や社会の反応を、別の研究書（Arndt 2011）を手がかりに、角度を変えていま少し詳細に比較してみましょう。

ポツダム現代史研究センターにおける「チェルノブイリ後の政治と社会」をテーマとする国際研究プロジェクトのリーダーであった著者アルントは、この本の前書きで、二〇一一年のフクシマについて次のように書いています。「〔フクシマでの〕事故によって引き起こされた深刻な不安と無力感、さらには、そうした事故は自国の原子力発電所では起こりえないとする世界の諸政府が口々に発した断言は、チェルノブイリの原子炉事故後の発言と驚くほど一致していることを想起させる」と。しかし、この著者は同時に、フクシマの事故がより深刻なのは、「日本のように高度に技術化された民主的な国家でこうした事故の連鎖が発生しえたということが、いま一度核エネルギー利用の危険性を白日の下にさらけ出した」ことだと断言しています（Arndt 2011, p. 6）。

こうした問題関心に立つアルントは、チェルノブイリ原子力発電所における事故をめぐる政治的対応、マスコミや住民の反応、反核エネルギーないし環境運動といった項目別に東西両ドイツについて「パラレル」に取りあげています。

まずチェルノブイリにおける事故直後の両ドイツにおける政治レベルでの反応についてアルントは、体制の違いにもかかわらず中央政府自体が楽観的という意味では、両政府の類似性が高かったとしています。すなわち一九七四年にその下に「放射線防御委員会」が設置された西ドイツ連邦内務大臣のツィマーマンは、事故の一報がスウェーデン経由で届いた四月二八日に放射性物質汚染の試験検査を命じ、西ベルリンやバイエルンのブルンスヴィックで高い観測値の報告を受けたにもかかわらず、翌日、「チェルノブイリははるかに遠いから連邦共和国には危険はない」と述べました。さらに彼は西ドイツの原子力発電所について、「わが国ではジャンボ機が原子力発電所を破壊することはあるかもしれないが、その場合でも原子炉はびくともしない」とし、「ドイツ連邦共和国の原子力発電所は世界の原子力発電所のロールスロイス」と述べたラインラントの核研究施設の専門家ユーリッヒとともに、きわめて楽観的な立場を表明しました（同書、pp. 55–57）。

これに対し東ドイツでは、体制の違いやソ連との関係の強さ、情報統制や国家保安省（シュタージ）による社会の監視網の強さから、西ドイツとは対極的な政治的反応が予想されますが、アルントの著作を読むと、一九九〇年のドイツ統一後直ちに公開された極秘扱いのものを含めた資料（Nève 1995に収録されている資料に依拠しています）からは、その推測とは異なり、相違点と類似点が入り混じる状況が浮かび上がってきます。すなわちソ連からの情報は西ドイツ同様ほとんどなかったにもかかわらず、東ドイツでも「多くの市民たちは西側のテレビ放送やラジオ放送からの情報を通じて原子炉事故とその帰結について十分知りうる状況にあった」（同書、p. 81）のです。

さらに党中央委員会直属の担当部局（国家核保安・放射線防御部）には、ウィーンのＩＡＥＡ（国際原子力機関）から四月二八日時点で事故の情報が伝えられていたこともあって、同部局も、西ドイツ同様、放射性物質汚染の検査を実施せざるをえませんでした。しかしその結果は東ドイツでは公表されず、また特段の対応策もとられなかったという点において両ドイツの政治的反応は異なっていました。すでに述べたように、自国の原子力発電所のリスクについて楽観的という点では「二つ」のドイツは酷似していたものの、西ドイツの内務大臣ツィマーマンによる上述の「ジャンボ機」発言に比し、東ドイツの党中央委員会の対応は「もっと消極的」で、笑い話のようですが、「原子力発電所へのジャンボ機墜落の危険に対して施設を守る」というものでした（同書、p. 90）。

他方、国政レベルにおける野党および地方レベルでの事故への反応には、「二つ」のドイツにおける明確な違いが見られました。すなわち東ドイツについてのアルントの記述には当然ながら前者についての言及がないのに対し、西ドイツでは、社会民主党が「一定の猶予期間をおいた核エネルギーからの段階的撤退」、そして一九八〇年に結党され、はじめは州議会、そして一九八三年以降は連邦議会でも議席を獲得していた緑の党は「即時撤退」を主張し、議会外では激しい反原発デモがこれに呼応したとされています（同書、p. 58）。

さらに西ドイツでは、日本と比べると独自の権限が強い州や地方自治体が、独自の情報や放射線検査機器を持たないまま、楽観的な姿勢をとる連邦政府と放射性物質汚染への不安に駆られた住民の間で板挟み状態におかれ、苦渋の対応を見せたとされています。例えばデュッセルドルフ市の上級助役ヘーゲナーは六月一四日に、「地方自治体行政としてのわれわれの無力は続いている。したがって、行政はあらゆる危険に対処することが可能だという印象を振りまいてみても何の意味もない。私は自分たちが使える計測機器を要求するとともに、州政府と連邦政府のもたれあいをチェルノブイリの影響を食い止めるうえでの障害として告発する」と述べています（同書、p. 62）。さらにヘッセン州における緑の党所属の環境大臣（のちの連邦外務大臣ヨシュカ・フィッシャー）や独立した環境研究機関の存在（フライブルクやハイデルベルク）、そして「政治や社会での活動参加者の間のコミュニケーション手段」となったマスコミの動きが、西ドイツ社会における人びとの反応に大きな影響を及ぼすことになったとされています（同書、pp. 62以下）。

東西ドイツにおける社会の反応

さらに同書によれば、事故後の西ドイツにおいては世論が大きく動きます。例えば一九八六年五月初めの『デア・シュピーゲル』誌の世論調査では、回答者の六九％が「さらに核施設を建設するのは危険が大きすぎる」と考え、インタビューを受けた人のうち六六％が「即時ないし段階的な脱原発」に賛成したとされています（同書、p. 73）。その結果、地方政治のみならず連邦政府も放射性物質対策を継続せざるをえず、よく知られているように核エネルギーに対する広範な抗議運動が展開されることになります。

こうした社会的な反応は、アルントによれば、規模や度合いに違いはあっても東ドイツにおいても私たちの予想を超えた形で存在しました。制約はあったものの、メディアでは「連邦共和国（西ドイツ）を含む西側の専門家や政府の判断が驚くほど多く報じられていた」し、市民の反応を書き記した日記なども残されています。例えばカール・マルクス・シュタットの女性グループのメンバーで若い母親であったズージ・フランケの日記の一節には次のように記されています。

> ごく日常的でありふれた事柄が突如注目を集める。私は不安に駆られ、極めて注意深く行動する。ミルクを買ったが、私の子供を故意に害してしまうのではないかというパニック的な不安から、まき捨ててしまった。八百屋を通りかかるとサラダ菜の箱に札が立てかけられている。「温室栽培」。そして括弧して「屋根付き」。皆失笑し、誰も買わない。（同書、p. 98）

こうした状況の下、東ドイツ社会でも西ドイツの反原発運動に対応する動きが存在しました。一九八六年五月に東ベルリンの反体制派や平和運動グループが出した「チェルノブイリはいたるところに影響を及ぼす」と題されたアピールはその一例です。それは、単に東ドイツ政府のみならず西ドイツ政府、さらには核エネルギー利用を推進するフランスをはじめとする各国政府を批判し、核エネルギーからの撤退や代替エネルギー源の開発とエネルギー使用の抑制策を求めた、普遍性の高いものでした（同書、pp. 101–102）。続けて六月に出された「すべての国家の政府への公開書簡」（同書、p. 107）では、さらに踏み込んだ「核施設に反対する直接民主主義と人民決定」のスローガンが掲げられ、日本の国会にあたる人民議会に対して憲法の規定に従った「国民投票」が要求されました。「チェルノブイリ以前にあらゆる警告にもかかわらず核施設を建設させた者は無責任な賭博師である。しかしチェルノブイリ以後にまだこの技術に固執する者は危険なテロリストであり犯罪者である」というのが、彼らの主張でした。

　これに対し、チェルノブイリを「触媒」として各地で活発化した「東ドイツにおける党派に属さないさまざまな平和・環境グループ」の動きは、多くの場合「教会の庇護」の下で展開されました（市川 1995を参照）。すでに述べたように、当時東ドイツ内の教会は国家のコントロールに対し「一定の自律性」を保持し、「教会内の業務に限定使用」との印を押すことによって検閲なしに出版しえた「地下出版物」がその手助けとなりました（Arndt 2011, p. 103）。ただ事故の一年後に東ベルリンのシオン教会で二五の反原発グループの代表を集めて開かれた集まりにおいても、「東ベルリンからの代表と地方からの代表相互の間の多くの不一致とためらい」が克服されることはなかったとされています（同書、pp. 104–105）。東ベルリンはより急進的に、ザクセンやチューリンゲンなどの地方は穏健にという運動内のスタンスの違いと、政府の側からの圧力、さらには「環境運動の活動に向けられた住民全体の無関心」が運動の広がりの妨げとなったのです（同書、p. 110）。

日常生活への影響

ここで私たちはアルントを離れ、「二つ」のドイツ社会に対するチェルノブイリの衝撃を、一九八七年に発表された二つの作品（パウゼヴァング 2011、ヴォルフ 1997）を手がかりに、日常生活の肌感覚に近いところから比較してみることにしましょう。

パウゼヴァングの『みえない雲』は、訳者の第二版あとがきによれば、チェルノブイリ原発事故の翌年に西ドイツで出版されて以降版を重ね、一九八八年にはドイツ児童文学賞を受賞するとともに小中学校の教材として使われ、事故後二〇年の時点で映画化もされた「ベストセラー」（一五〇万部）です（パウゼヴァング 2011）。

「強い風が吹く」ある「金曜日の朝」、「突然サイレンが鳴り響く」場面から始まるこの物語は、中部ドイツの小都市シュリッツに住んでいた少女ヤンナ－ベルタがその町から南西約八〇キロの位置に実在するグラーフェンハインフェルト原子力発電所における重大事故によって町からの「避難」を余儀なくされ、最後にようやく祖父母のところにたどり着くまでの苦渋の経験を綴ったフィクションです。その具体的なストーリーは自ら読んでいただくとして、ここではこの少女に対し祖父が述べた言葉を引用しておきたいと思います。

知らせなくてもいいことまでマスコミに知らせたのがそもそもの間違いだった。連中はなんでも大げさに書きたてる。そんなことさえしなければ、こんなヒステリーが生じることもないし、誇張やプロパガンダにまどわされることもなかった。そこらのおばさんたちが、原子炉の内側のことやレムだのベクレルだのについて知る必要がどこにある？　結局はなんにもわかりっこないんだ。それに世界中に死者の数を言いふらして何になる？　今回のことで、また西ドイツの評判はガタ落ちだ。昔なら、こんな大騒ぎになる前に物事を処理できた立派な政治家がいたものだ。今回も政治家たちが内密にしてさえすれば、きっとシュリッツでも事故のことなんか全く気づかないです

んだに違いないし、鼻を突っ込むマスコミの連中もいなかっただろうに。（パウゼヴァング 2011, p. 263）

この祖父の言葉を受けて、小説は「ヤンナーベルタはゆっくりと帽子を取った。そして祖父母をまっすぐに見すえると、あの日からのことを話し始めた」という一節で結ばれています。

この少女の架空の経験が、西ドイツ社会から統一後のドイツ社会において長く読み続けられていることが示しているのは、チェルノブイリの衝撃の受け止め方が西ドイツ社会においても地域、世代によって決して一様ではなかったにせよ、チェルノブイリが当時の西ドイツの人びとの原子力発電に対する漠然とした不安を現実的な恐怖へと変えたこと、そしてそれがその後のドイツ社会にいわばトラウマとして埋め込まれていったということではないでしょうか。

ではこうした「マスコミの連中」がいなかった東ドイツ社会におけるチェルノブイリ事故後の様子はどのようなものだったのでしょうか。東ドイツ出身の作家クリスタ・ヴォルフの作品を手がかりに見ていきましょう。チェルノブイリにおいて「故障」が起きた年の「六月から九月」に書かれ、翌年出版されたヴォルフの作品を前にすると、そもそもこうした平凡な問い自体が「吹き飛んで」しまいます。「ある日」（チェルノブイリにおける原発事故が初めて報道された日）、東ドイツ・メクレンブルクの小都市の古い家で同じように繰り返される日常生活（ただし薬物野菜やミルクの安全性に気を配る様子がこの日を特徴づけています）を送る主人公の女性作家とまさにその日に脳腫瘍の外科手術を受けている弟、さらには東ベルリンに住む娘やその他の登場人物をつないでいるのは、チェルノブイリの原発事故とそれを契機に四方に「飛び散る」女性作家の思索です（以上「 」を付した単語はこの作品のキーワードになっています）。ここでは、本書を書く過程でこの作品と出会った私にとってこの作品を読むうえで鍵となった箇所を、少し長くなりますが一か所だけ引用することにします。「いろいろなチャンネルで、初めて、事故を起こした原子炉の輪郭」を見たときの様子です。

> それは、あのきのこ雲のように、象徴的な図式としてだんだんにわたしたちの記憶に刻みこまれていくことでしょう。カメラの前に何人かの紳士が立たされましたが、その仕立てのよいグレイやグレイブルーの背広ひとつをとっても、また、背広にぴったりのネクタイや髪形、その慎重な言葉の選択の仕方、そして、彼らが公認されてテレビに出ているということ全体からしても、人びとの心を落ちつかせる効果を発揮して

いました。――それとはまったく逆なのが、セーター姿の髭面の若者たちでした。彼らは興奮し、激しい身ぶりをまじえて何事かをまくしたてていましたが、そのために、この連中は無理やりマイクを奪い取ったのではないかと疑いたくなるほどでした。わたしはそれを見ながら、国内の人びとのことを、二つの国の中で今夜一様にブラウン管に釘付けになっている勤勉な声なき人びとのことを考えざるをえませんでした。そして、彼らはきっと、セーター姿の若者より、身体の合った仕立ての背広を身につけ、中庸を得た態度で話す紳士たちの言葉に耳をかたむけけるだろうと思いました。彼らは一日の仕事を終えて、わたしと同じように、夜、安楽な椅子に座ってビールを飲みたいのです――私はワインですが、まあ、それはいいでしょう――。（ヴォルフ 1997, pp. 137–138）

この引用からは、一九七〇年代末からたびたび東ドイツの外への旅行の経験があり、東ドイツにおいてもドイツ統一後も政治的にさまざまに論評されてきたヴォルフの「個人的な」体験の影を感じたり、電波に国境のないこと、つまり情報の体制を超えた共時性に驚いたり、さらには東ドイツであれ西ドイツであれ（そして日本であれ）、それらの場を突き抜ける普遍性を持つ現代の科学文明への彼女の批判的な思索が反復される日常生活と交錯する様を読み取ることができます。

しかし、ここでは想定する読者を異にする両作品についての文学的な評価に立ち入ることはせず、二つのことを確認するにとどめましょう。すなわち、両作品がともにチェルノブイリという非日常的な出来事の影響を日常生活に近いところで描こうとしていることと、それにもかかわらず描かれている日常生活が否応なくそこから離れた大きな世界における政治と直結していることが鮮明に描かれているということです。

そのうえで、本節でのチェルノブイリの衝撃に対する東西ドイツの反応の比較から明らかになった点を、箇条書きで整理しておきます。

①チェルノブイリにおける大事故にもかかわらず、東西ドイツの政治的反応からは、共通して原子力発電に対する楽観論が読み取れる。この点については、のちに「チェルノブイリはどうでしょう。私の結論は、核エネルギーはそれ自体として狂気なのではなく、ソ連はこうなったからにはより安全な原子力発電所を建設しなければならないというものでした」（Merkel 2005, p. 70）と発言しているメルケルも、フクシマでの大事故に直面してドイツにおける原子力発電所の稼働停止を決断したときとは違って、まだ楽観論に立っていたように見える。

②西ドイツにおけるマスコミの報道からは、日を追うにつれ多様な反応や見解が噴出する様子が読み取れるのに対し、東ドイツの公式の報道には、終始、ソ連の情報に依拠した紋切り型のものが目立つ。

③しかし、東ドイツの市民たちは、東ドイツにいながらも傍受可能な西側のメディアの報道を通して、事故の詳細についてかなり正確に把握しており、彼らの日常生活からは、事故の影響を明確に窺うことができる。

④チェルノブイリ原子力発電所の事故とそれによってもたらされた放射性物質の拡散という、いわば東ドイツ社会にとって外から、ないし文字通り天から降ってきたインパクトが、東ドイツで進行していた「社会の劣化」を顕在化させる契機となった。それはさしあたり、白日の下にさらされた政治の対応力の低下、報道規制の無意味化、上から組織された中間組織にかわる新たな中間組織ないし社会運動の台頭といった形をとって現れた。

ではこうした、チェルノブイリをめぐって日常生活場面でも顕在化する「劣化する社会」の現実に直面する状況の下で、東ドイツ社会の反応を監視し規制する役割を担っていたシュタージは、どのような役割を果たしていたのでしょうか。次節ではこの東西ドイツを隔てていた問題を検討することにしましょう。

3　シュタージの見たチェルノブイリと東ドイツ社会

本節において資料として依拠するのは、チェルノブイリ原子力発電所事故の国内への影響に関するシュタージの記録類をＢＳｔＵ（シュタージ資料管理連邦受託機関）文書館から選び出し、時系列に並べて分類整理したうえで復刻した文献（BStU. Hg. 2016）です。ここに収録された資料だけではチェルノブイリをめぐり何に関してどれくらいシュタージ関連の資料が残されているかという全体像はつかめないのですが、シュタージが何に関心を持ったか自体を窺い知ることは可能です。

シュタージというのは、繰り返しになりますが（第一章第3節などを参照）、東ドイツにおいて反政府活動の監視・取締を中心とした治安維持活動や対外諜報活動を担った秘密警察組織でした。一般人の「非公式協力者」を含めた膨大な人員規模で強力な治安維持活動を展開したとされていますが、本節では、その活動の実効性を検証すべく、上記の資料を紹介していくことにします。

シュタージの関心

この資料によれば、シュタージは事故発生の直後から事故をめぐる情報収集に努めるとともに、東ドイツにおける報道をコントロールしながら国内の不安を鎮める手立てを講じようとしていましたが、それにとどまらず、五月八日付の報告で「チェルノブイリと東ドイツ経済への影響」について次のような報告を残しています。

> 五月初めから、そして五月五日からはますます目につく形で、東ドイツの首都東ベルリンやポツダム、ゲーラ、ズール諸県において生鮮露地もの野菜　特にサラダ菜とルバーブ、さらには生乳の購入が減少している。農業および消費物資国内取引関連で最初に行われた無作為抽出的な検査や個別地域におけるチェックから、以下の諸点が明らかになっている。
>
> 　すなわち、東ベルリンでは、今週初めからサラダ菜の購買は、場所によって異なるものの、二〇%から五〇%減少した。
>
> 　また、ポツダムの屋内市場（ヴィルヘルム-キュルツ通り）では、一九八六年五月五日から値引き措置がとられているにもかかわらず、ハーフェル地区の社会主義農業企業のスタンドにおけるサラダ菜やルバーブの購買が特に大きく減り続けていること

が確認されている。（BStU, Hg., 2016, p. 27）

この報告に見られるのは、まさにクリスタ・ヴォルフの作品がチェルノブイリ原子力発電所事故の影響下での日常生活の変化として描いていた光景にほかなりません。それは、一九五〇・六〇年代の「不足の経済」の下で、企業における労働作業班が仲間の一人を売り出しの列に並ばせるなどして相互に助け合う「人間関係世界」の一コマ（石井 2010、第八章、参照）とは物資の過剰という意味で逆向きですが、西側からのニュースで危機感を持った東ドイツ市民たちの自己防衛策といえるものです。しかしシュタージの関心は、その点よりも、貴重な「外貨」獲得手段である野菜等を運ぶトラックや列車が「国境」での西ドイツ側のチェックによって「追い返されている」ことに向けられ、「ネガティブな経済的、政治的帰結を阻止ないし極小化するための効果的対策」の模索に注意が注がれていました（BStU, Hg., 2016, p. 32）。

　こうしたシュタージによる一見些末にも見える「経済への影響」に対する大きな関心は、東ベルリンの「人民所有（VEB）光化学工場」において、事故の「約三日後」、製造中の「レントゲンフィルム」に放射能の影響で「黒斑」が発生した問題をめぐる報告（一九八六年七月二九日付）、さらには、長引く農業生産物への放射能の影響をめぐる報告

（一九八七年一月二日付）においても確認できます。

これに対し、シュタージの本来の関心対象であるはずの「住民の受け止め方と反応」、「反対派にとってのチェルノブイリのインパクト」、さらには「チェルノブイリの事後的影響」に関しては、どのような資料が収録されているのでしょうか。

「住民の受け止め方と反応」に関してこの資料集に収録された五月中の報告等には、三つのパターンが見られます。第一は、国家保安省中央情報解析・収集部門（シュタージの組織図については、Schroeder 2013, p. 577を参照）による情報整理（一九八六年五月六日付）に見られるパターンです。そこでは、事故が「他人事ではない」と受け止められていながら、ソ連と東ドイツにおける情報開示の遅れが原因となって、ソ連を非難する一方でアメリカなど西側諸国における事故には目をつぶる西側の報道にあおられた不安が高まっていると述べられています。第二のパターンは同日付の国家保安省国民経済保全部門の報告に見られるもので、ここではルブミンの原子力発電所の就業者や、専門知識があり放射線量の調査を行ったグライフスヴァルト大学の学生の抱く安全性をめぐる疑問に対し、国家原子力安全・放射線防護機関長官による善処する旨のメッセージが記録されています。そして第三のパターンとしては、地域の協力者からの情報を細かく記載したズール刑事警察による報告を挙げることができます。そこには冒頭、先にも述べた生鮮野菜や牛乳の購買を

図11　「足による投票（反対の意思表示の引っ越し）」

「1989年、数万人の東ドイツ市民がハンガリーやポーランド、チェコスロヴァキアを経由して西側へと逃亡した。」

出典：キャプションを含め、メーラート2019、p. 178、から引用。

めぐる複数の情報が記録されています（五月九日付。ほかに第一のパターンと同様の原子力発電に関する不安の声が付記されています）。

シュタージは、なぜ繰り返しこの第三のパターンでも取り上げられている食品をめぐる問題に注視しているのでしょうか。生鮮野菜等が貴重な西側通貨の獲得手段であったことがその背景にあることは確かです。しかしそれだけではなく、放射能汚染の恐れのある食料品の「過剰」供給を通じて、「不足の経済」状況の下で市民の相互扶助的な行動が一助となって保たれていた均衡が崩れること、そしてそれ以上に、日常生活物資の「不足」が西ドイツなどへの「輸出」により作り出されたものであることが日々市民たちの意識に上ることへの危惧が、シュタージにはあったのではないでしょうか。この点は、以下で検討する市民による新しい反体制的な動きとかかわるだけではありません。次章で詳しく検討することになる、一九八九年秋に大量の東ドイツ市民、とりわけリンドナーのいう「打ち解けない世代」の若者たちがとった、文字通り「旅行カバン」だけを持って国を捨てて西ドイツに脱出するという行動（図11を参照。なお図7③では、下方への矢印がそれを示しています）を理解するうえでも、無視できない意味を持っていると思われます。

「反対派」への眼差し

ではチェルノブイリ問題を契機に顕在化する「反対派」の動きについて、この資料集にはシュタージのどんな記録が残されているのでしょうか。「反対派にとってのチェルノブイリのインパクト」としてまとめられた章に収録されているのは、国家保安省中央情報解析・収集部門傘下の中央情報処理部に集められたポツダムやライプツィヒにおける反原子力発電の意志表明や行動についての情報（二件）のほかは、「チェルノブイリの影響はいたるところに」と題された「挑発的なアピール」や「チェルノブイリにおける原子炉事故と関連する政治的地下活動および「平和、エコロジー運動グループ」の首謀者たちの活動」をめぐる情報です。

そこに収録されているこれらの活動に関する「一覧」（一九八六年六月五日付。BStU, Hg.,

2016, pp. 54–58）によれば、「チェルノブイリの影響はいたるところに」はもともと、政府や関連機関に提出すべくラインハルト・シュルトおよびトーマス・クライン周辺の人物によって書かれ、東ベルリン・フリードリヒフェルデの「平和サークル」によって少部数が「何らかの教会施設」において印刷されたものです。七ページに及ぶこのアピールでは「情報政策」、「核エネルギーの民間および軍事利用の連関」、「原子力発電所稼働に際しての危険」、「核エネルギーと国防」、「核エネルギーのシステム論争」、「エネルギーおよび情報政策変更の必要性」など広範な論点が扱われていただけではなく、このサークルがチェルノブイリ問題をめぐる集会を計画（六月二八日一九時半）していることも明らかにされていました。それゆえこのアピールは、「敵対的で体制批判的な立場から煽動的・挑発的なやり方」で「核エネルギーの展開」のみならず「社会主義経済政策や防衛施策さらには情報政策」に至るまで「社会主義国家」そのものを攻撃するものとしてシュタージにマークされたのです。

　この長文の「一覧」には、東ベルリンにおける「政治的な地下活動の代表的人物」について上記のほか、以下のような情報が事細かく記載されています。

・「監視対象となっている」（以下この文書では、実名が上げられている人物にはほとんどこの形容が付されていますが、引用に際しては省略〕セバスティアン・プフルークバイルによって書かれた東ドイツ福音主義教会代表者会議あて書簡や、それが東ベルリンの「オルターナティブ・グループ」、とりわけ「エコロジー・グループ」に与えた影響について。

・テンプリーン〔ここでは以下にも記載されている人物名〕によって人民議会あてに送る意図で計画された文書をめぐる顛末。そこには「広範な署名を集めることを目的とした、核エネルギー政策をめぐる諸問題についての短い文章」のほかに、本来の主張である「住民保護と人権のかかわり」をめぐる論点が盛り込まれる予定であるとされている。

・「東ベルリン・ヴァイセンゼーのエコロジー・グループ」による、「ヴィッテンベルクにおける教会環境グループ代表者集会」（一九八六年四月一八―二〇日）その他にあてた「回状」について。そこでは核エネルギーをめぐる諸問題のみならず、「核エネルギーと軍備のつながり」が扱われていることが問題とされ、回状の送付先の調査が指示されている。

・「石炭・エネルギー省」、「保健省」、「原子力安全・放射線防防御機関」あてに送付する予定で作成が計画された、「東ベルリンのワーキンググループ「平和のための医師」」の文書をめぐって。そこで扱われる予定の論点の一つに、「他の社会主義国からの果物や野菜などを値引きして流通させるという東ドイツの無責任な対応」が含まれていることが明記されている。

・東ベルリン・パンコウの「平和サークル」によるソ連大使館の「第二書記」あて書簡をめぐる顛末。両者の間に一定の信頼関係が成立したことが注目点とされている。

・東ベルリン・パンコウの「喫茶店」と名付けられた「平和サークル」の集会（五月九日、参加者三〇名）について。予定されたヴォルフラム・チヒェの「人権－自然権」と題する講演に続く討論の冒頭、ヴォレンベルガーが行った発言（「生命への権利はいまやわれわれにとって文字通り死活問題となる。そしてそれは単にチェルノブイリにおける原子炉の大事故とのかかわりにとどまるものではない」）が特記されている。

・東ベルリン・リヒテンベルクにおける「小教区・信者グループ」内の「平和・環境サークル」が東ドイツ閣僚評議会事務局にあてた請願書（一九名の署名入り）について。そこには、「すべての原子力発電所の完全廃止」が「偏見に満ちた傲慢なやり方」で主張されていることと並んで、それが西ベルリンの日刊新聞

『TAZ（ターゲス・ツァイツング）』において公表され、「首都東ベルリンではサラダ菜を食べる者はいないし、牛乳を買う者もいない」というコメントが付されていることが問題視されている。

・五月二六日に東ベルリン・シオン教会の教区で開かれた「ぼろぼろの原子炉」をテーマとする集会（約三五名参加）について。

〔他方、東ベルリン以外の地方については、以下の通り〕

・ハレの就学牧師〔まだ就学中の牧師見習い〕教区から五月一〇日付で出された保健省あての請願書、メルゼブルク就学牧師教区から「ノイエス・ドイチェランド」紙あてに出された書簡、ヴィッテンベルクにおける「パウル・ゲアハルト財団病院」の「男女の生徒たち」による七名の署名を付した閣僚評議会あて請願書について。いずれも事故および安全対応についての質問書。

・ナウブルク就学牧師教区の「エコロジー」ワーキンググループの代表者（女性）による、西ドイツ連邦議会の会派「緑の党」あての質問状について。「核エネルギーの即時廃棄の可能性」に関するこの書状は押収された。

〔「監視領域〔ここでは西ドイツ、その他の西側隣接地域を指す〕の人物による活動」について〕

・西ドイツ連邦議会議員ペトラ・ケリーおよび「緑の党」により、「文化領域の人物」を通じて東ドイツ内の活動家や「平和・エコサークル」に送られたチェルノブイリ関連資料について。ベアベル・ボーレイ、ライナー・シュルト、ラルフ・ヒルシュ、ライナー・エッペルマン、ヴォルフガング・テンプリーン、ルッツ・ラーテノー、マヤ‐ミヒャエラ・ヴィーンズあての資料は押収済み。

・五月二四日、「二人のジャーナリストにともなわれた三人のデンマーク市民」が、「チェルノブイリを想起せよ」とのビラを携えロストック県のグライフスヴァルト原子力発電所に対し「煽動的行動」を敢行し、デンマークに強制送還。

チェルノブイリ関連のシュタージ文書を集めた資料集において「反対派にとってのチェルノブイリのインパクト」として括られた章は、最後に「チェルノブイリの影響はいたるところに」と題されたアピール文（一九八六年六月五日時点で一四一名の署名を集めた）をめぐる次のようなシュタージの認識を明らかにすることによって結ばれています。「シュタージには以下の警告が寄せられている。すなわち、東ドイツにおける政治的地下活動を展開する敵対的・反体制的勢力の戦術は、チェルノブイリの大事故を利用して自らの挑発的な要求を世論にアピールする形で繰り返し提示し、現今の守勢を脱すべく自らの存在価値を高めることに置かれているとの警告である」(BStU, Hg. 2016, p. 60)。では、シュタージはこの「警告」に従って「チェルノブイリの事後的影響」を食い止めることができたのでしょうか。

この資料集にはこの点について判断するだけの材料は収録されていません。わずかにチェルノブイリ原発事故の二周年に合わせて予定された「敵対的活動」に関して注意を喚起するシュタージからの電報(一九八八年四月二一日付)、エリカ・ドレースおよびイングリッド・フレーリッヒによる原子力発電所建設予定地シュテンデルにおける事故後二周年を契機とする集会の許可願い(一九八八年一月一九日付)と当局による集会許諾手続きのための出頭要請(三月二日付)、さらにはシュタージ協力者による四月二三・二四日の集会についての報告(同日付)が見られるに過ぎません。そしてこの集会自体についての報告には、二三日夜の集会の参加者は一二〇名程度であり、冒頭ヴォルフの『チェルノブイリ原発事故』が読み上げられたが、集会そのものは「平穏に」推移したと記載されています。

シュタージの活動の実効性

本節で事細かに紹介してきたチェルノブイリ原子力発電所事故の東ドイツへの影響をめ

ぐるシュタージの記録からは、以下の二点が浮かび上がります。

①シュタージが平和・環境運動から派生した新たな体制批判的な社会運動に神経をとがらせ、シュタージへの情報提供者の手助けを得て、細部に至るまで状況の把握と運動の拡大や国外の運動との連携の抑止に努めていたこと。ただし、この資料集からだけでは、シュタージが東ドイツ国内の動き、特に東ベルリン以外の地域の（例えばライプツィヒ）の動きをどこまでつかんでいたかは判断できないが、あちらこちらで噴出するさまざまな動きへの対応に追われ、シュタージの活動、あるいはその存在そのものがそうした動きに対する抑止力となっていたことを読み取ることは難しい。

②収集された情報のなかには、野菜や牛乳の購買といった市民の日常生活上の行動にかかわるものが多く含まれ、シュタージが体制批判的な運動のみならず、市民の多数を占め、それまで少なくとも表面的には体制同調的な存在であった「沈黙の支持」層の動向に注目していたこと。

前節最後の四点にわたるまとめとも突き合わせると、この二点は次のことを窺わせているように思われます。すなわち、チェルノブイリは、東ドイツにおける「社会の劣化」を顕在化させただけではなく、それを契機に噴き出した多様な動きをシュタージが制御し切れないことをも明らかにすることによって、図7（東西ドイツの統一後に東ドイツ出身の研究者たちによって議論された東ドイツ社会像）で描かれた東ドイツ内の人びとの動きにかかっていた制約を振りほどいて、東ドイツの人びとが自らの思いに従って多様な動きを選択することを可能にしたということです。

　そうした多様な選択肢のうち、七〇年代後半から教会の庇護下で徐々に形成され、チェルノブイリを通じて一気に顕在化した体制批判的な運動については、日本においてもすでに詳細な検討が行われています（井関 2009, 2016を参照）。またシュタージがこだわった日常生活上の「変異」は、チェルノブイリから一九八九・九〇年に至る過程で、「八九年のライプツィヒ月曜デモを牽引」した人びとの動きや、先に指摘した、「東ドイツに残り社会主義を改革することに意味を見出さなかった若い世代」の「出国の波」（井関 2009, p. 80）と連動している可能性もあります。

　そこで次章では、一九八九・九〇年に社会主義体制の変革を目指した動きと社会主義体制からの離脱をはかった動き（そこには、西ドイツ・マルクの「誘惑」が大きな作用を及ぼした西ドイツへの統合の動きが含まれます）がどういう位置関係にあったのか、そしてそもそも東ドイツにおける一九八九年とは何だったのかについて、「劣化」する東ドイツ社会を生きた人びとがとった多様な行動を検討することを通じて考えることにしたいと思います。

こうした次章における検討課題の設定は、本書全体を貫く大きな問題関心とつながっています。すなわち、何らかの出来事を契機に社会の「劣化」が顕在化することによって社会が大きく「揺れる」状況が生まれ、既存の政治体制がこれを十分に制御しえないことが明らかになったとき、その社会を「変える」目的意識的な行動と日常生活の均衡が破れたことへの多様な反応が絡み合うことによって社会に何が起こる可能性があるのかという、現在の日本社会に暮らす私たちにとっても切実な問題への関心です。

第三章　「劣化する社会」
それぞれの選択

1　東ドイツを去った人びと・東ドイツにとどまった人びと

一九八九年秋、チェルノブイリの後、社会の「劣化」が顕在化し、シュタージによる社会の締め付け圧力に陰りの見えた東ドイツは、一一月九日のベルリンの壁の「開放」から一九九〇年一〇月三日の東西ドイツ統一に至る、大きな転換点を迎えます。この時期の東ドイツの状況をイメージしていただくために、本書の「はじめに」で使ったたとえを思い出してください。そこでは「劣化する社会」の状況を経年劣化による水道蛇口からの水漏れにたとえました。これと対比すると、チェルノブイリ前後の状況は、水漏れが個別配水をしている水道本管のほうでおき、道路に水が噴き出したり、さらに進んで道路が陥没したりしている状況だといえます。

こうした東ドイツの状況を理解するために本節が検討対象とするのは、東ドイツの歴史家ツヴァーの二つのテキスト（Zwahr 1994, 2014）*です。このうち、一九九四年の論文のメインタイトル（「逃亡と決起による変革」）は、一九八九年の東ドイツ、とりわけライプツィヒにおける「出来事」をめぐる彼の思索の軌跡を、ほぼ余すところなく言い表しています。

＊　以下では、一九九三年六月の講演と同年三月の「東ドイツにおける日常。突如断たれた生活の脈絡」をテーマとしたコロキウムにおける報告がもとになっている一九九四年の論文をメインに取りあげ、必要に応じて一九九〇年秋までには執筆が終わっていたとされている二〇一四年の著書によって補足することにします。以下は、一九八九年の出来事と対話を続けるツヴァーの思索の道筋を私なりに読み解こうとした、ツヴァーとの対話の所産というべきものです。

東ドイツの歴史家ツヴァーの思索

まずチェルノブイリ以後に表面化した東ドイツ社会の揺れが生み出した一九八九年の出来事自体について、ツヴァーは「逃亡」と「決起」の観点から整理します。前者は、一九八九年夏以来の東ドイツ市民による東ヨーロッパ諸国（ハンガリーやチェコスロヴァキアなど）を経由した「逃亡」の動きと、それに対応すべき東ドイツ政権の無策（個別の企業による「労働者」の締め付けに依存）がセットになったものとして捉えられています。

　これに対し「決起」については、彼自身が身を置いたライプツィヒにおけるデモなどのスローガン（横断幕やシュプレヒコール）の変化として記述されています。すなわち、「国を出よう！」（一九八九年五月）、「ここにとどまろう！」（九月初め）、「決起　一九八九」（九月一〇日の多様な市民運動の結集体としての「新フォーラム」結成に際して）、「東ドイツは国民のもの、ＳＥＤのものではない！」（九月三〇日）、「われわれが人民だ！」（「変革」に向けた転機となるライプツィヒにおける一〇月九日の大規模なデモ行進に際して）、「社会主義への後戻りを許すな！　いまこそ新たな目標を掲げ前進しよう！　自由な選挙・自由な市場・壁の撤去！」（一〇月三〇日）、そして一一月九日深夜ベルリンの壁が開かれた直後の一一月一三日にライプツィヒに響いた「ドイツ！　ドイツ！」、「いまこそ再統一を！」の声です。

　こうした「出来事」の流れについてツヴァーは、一〇月九日およびそれ以降の「東ドイツ内における平和の維持」は「ソ連軍兵士がとった自制や東ドイツ人民軍兵営内の動揺に帰せられるべきものではないし、プロテスタントの政治文化や健全な人間理解、さらには核の脅威に対抗した平和運動によってもたらされたものでもない」と書いています。では何だったのか。この問いに、終始ライプツィヒの「出来事」に立ち会った彼は、それは「私の理解では一つの新しい接合形態と進行形態」、すなわち別の箇所での表現によれば「民主主義的な革命から国民民主主義的な革命への移行」だったと答えたうえで、この引用に続けて以下のように書いています。

> 起こったこと全体は以下のように一つのたとえ、一つの画像としてまとめることができる。一九八九年九月一一日にオーストリアへのハンガリー国境が開かれて以来、東ドイツの政治システムは二輪で駆動される状態にあった。だが両輪は違う方向に動きだした。一つの車輪の駆動力は一九八四年以来の出国圧力だった。脱国者の奔流がそれを加速させた。もう一つの車輪は国内にとどまった者たちの切迫感に突き動かされた。「われわれはここにとどまる!」。(Zwahr 1994, p. 437)

「だから「逃亡と決起による変革」なのだ。両方を調べなくてはならない」と考えるツヴァーは、論文の後半では、他の多くのこのテーマに関する著述とは異なり、「決起」した者だけにとどまらず、「逃亡」した者たちの「人物像や構造」をも追求しています。「逃亡」を彼は、わが身のことだけを考える消極的な選択肢というよりは、制限されていた

「移動の自由」を取り戻す積極的な選択肢だと理解していたと思われます。

去るか・とどまるか

まず図12を見てください。この図はツヴァーが東ドイツの全存続期間を通じた「脱出者」数の推移として提示した統計表をもとに作成したものです。これによると「逃亡者・移住者」総数のピークは、それぞれ東ドイツの歴史の節目となる出来事と正確に対応しています。

一九五三年のピークは六月の東ベルリンにおける労働者の「蜂起」に、一九五六年のピークは社会主義圏におけるスターリン批判やハンガリー動乱、さらに国内では計画経済の本格化や国家人民軍や国防省の設置といった動きに、一九六一年のピークは「ベルリンの壁」の建設開始に連動しています。これに対し、壁の建設直後を除き、一九六〇年以降長く続いたフラットな状態に目につく変化が見られる一九八四年の動き（数字のうえでの増加要因は「移住者」の急増）には、同年マドリードで開催された全欧州安全保障協力会議で宣言された「出国の自由の拡大」がかかわっています。

しかし、ツヴァーはそこに見られる新たな兆候、すなわち「移住者」がそれまでの年金生活者（すなわち体制にとっては単なるコスト要因）の枠を超え、「出国を許可された若者

図12　東ドイツからの逃亡者と移住者の総数*　1949–1989

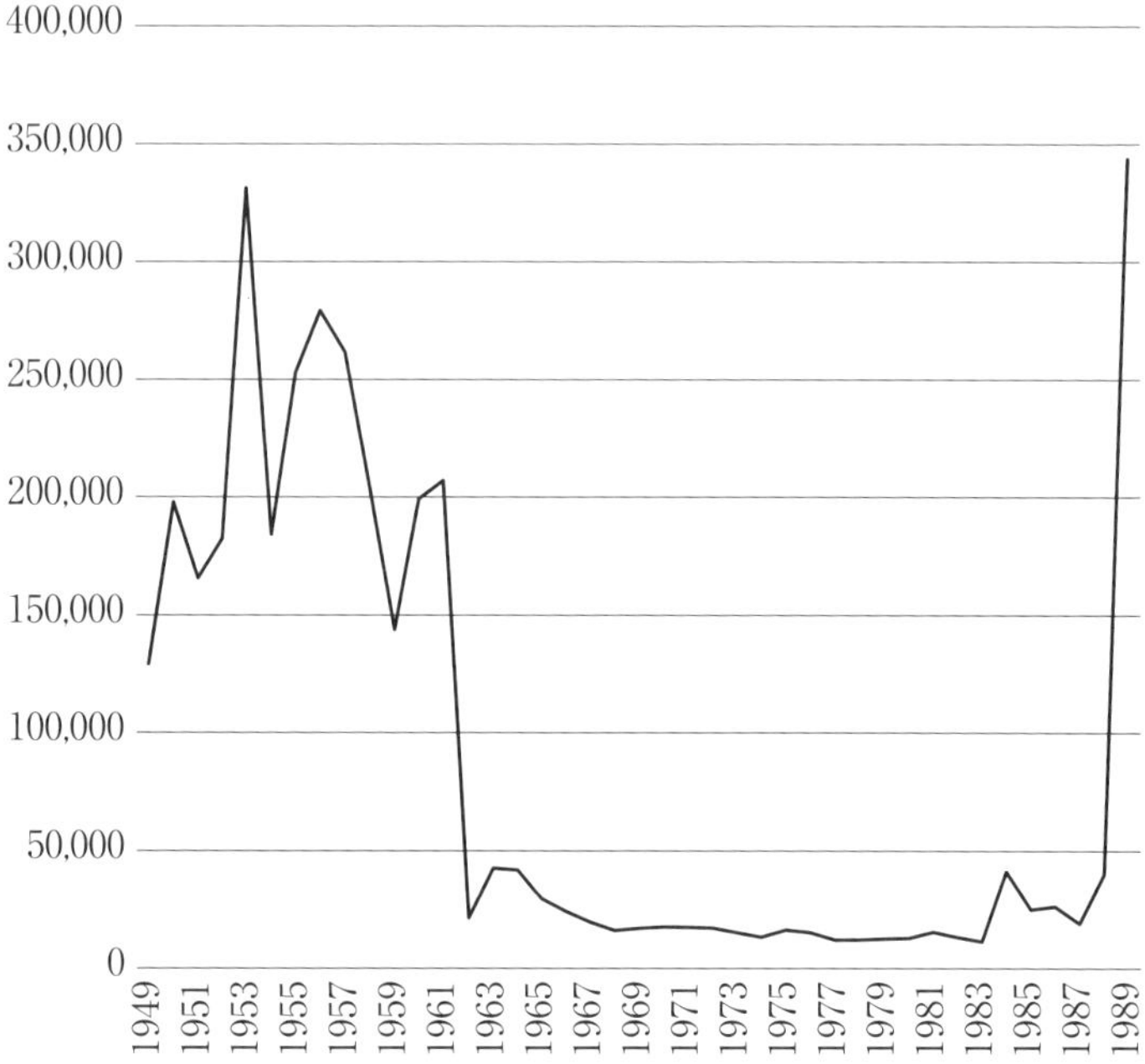

＊東ベルリンからの「逃亡者と移住者」数、西ベルリンへの「逃亡者と移住者」数を含む。

また原表には、1949–1961年は「逃亡者」数、1962–1988年は「逃亡者、移住者、［西ドイツからの］金銭によって「解放」された政治的勾留者の総計」、1989年は内訳のない総計のみが記録されている。

出典：Zwahr 1994, p. 440（Tabelle 1）に基づき、筆者作成。

たちや家族」に広がりつつ、全体として一九八四年以前より増加してゆく傾向に着目しています。「移住は状況の緊迫化を緩和し、水力モデルでいうところの減圧作用を果たしたが、持続する真の緊張緩和をもたらしはしなかった」というのです。そのことを彼は、一九八九年になって「出国申請」の承認を求めるライプツィヒなどでの「最初の小規模デモ」の参加者が車のアンテナにくくり付けていた「白い布切れ」に書かれた文言から読み取ります。すなわちそこには、「一九六一年にとられた流出および異議申し立てを同時に抑え込む策〔ベルリンの壁の構築〕は、二八年後には正反対の結果を生むに違いない。今度は流出と異議申し立ては一緒に爆発し、東ドイツ国家の骨組み全体を吹き飛ばしてしまうだろう」（同、p. 439）と記されていたのです。

　では一九八九年に国外に大量「流出」したのは、そして「異議申し立て」のデモに参加したのは、どのような人びとだったのでしょうか。両者に共通して見られた多くの「若者」の姿に着目するツヴァーは、ポラックやリンドナーたちの議論と交錯しながらも、東ドイツにおける自らの経験に根差した独自の世代論と社会論（閉鎖性と労働の義務化がセットになった社会）、さらにはライプツィヒにおける「出来事」の現場での体験をもとに、次のように結論づけています。大事な個所なので引用が長くなるのを許してください。

年長世代の疲弊と忍従は、若者たちにきわめて大きな影響を及ぼした。年長者の絶望〔低い年金のため、割の合わない仕事を続けざるをえないなど〕、日常生活における物資の不足やその他の惨めさが折り重なって、この道にとことん付き合うことなくそこから外れ、労働によって開かれた社会の一員になろうという考えが強くなったのである。ただし、資本主義社会では生き生きとした労働の可能性などはるかに小さいことは、離れたところからでは理解することはできなかったのであるが。

若者たちの決断もほとんどは日常生活絡みの決断であった。壁の建設は東ドイツから逃れ出ようと決心していた者たちの行動を妨げた。一九八九年には沈黙せる多数者のうち最も動きやすい人びとが再び脱出の動きに出た。若者たちは東ドイツの安定性と歴史的な見通しについての〔体制は維持されるという〕誤った判断に立って、逃亡したのである。

その後、残った者たちはよりよい東ドイツを求めて路上に出た。ライプツィヒの月曜デモは何よりもライプツィヒの人間の運動だった。一九八九年に聞き取り調査に応じた二〇〇〇人のデモ参加者から明らかになったのは、労働者と職員層が社会グループのなかでは最も多いということだった。聞き取りによれば、参加者の約三分の二は男性だったが、残りの三分の一は女性や少女であり、しかも彼女たちは最初から固い

信念にたってこれに強くコミットしていたのである。（Zwahr 1994, p. 454）

こうした男女を問わない若者たちの「逃亡」と「蜂起」の圧力は、出国申請者が車のアンテナに結んだ「白い布切れ」に書かれていたように、「ともに爆発」することによって確かに東ドイツの体制の崩壊をもたらしました。崩壊したのは「現に存在する社会主義」の「自己破壊」のシステムでした（Zwahr 2014のタイトルの表現）。この「自己破壊」の具体相を、党の独裁やシュタージによる監視社会化のみならず、ライプツィヒにおける「市街の破壊」や大気汚染、さらには「経済政策と社会政策の統一」のもたらした表面上の生活の安定と財政破綻のうちに見出す彼は、「そのシステムは、ヒトラー・ユーゲントの世代と彼らによって規律化されたすべての者たちを貫く恭順の意を拠り所としてきたし、それがこの国の自己破壊を延々と生きながらえさせてきたのだ」（Zwahr 2014. p. 18）と断じています。

しかしその状況は、一九八五年にライプツィヒの画家マットイアーによって描かれた「汝を閉じ込めしバラックより飛び出よ」（図13）が示しているように、一九八〇年代半ばには見た目にも揺れ始めていました。そしてその揺れが一九八六年のチェルノブイリ原子力発電所事故のインパクトによってさらに強まり、ついには激震となった一九八九年に

図13 「汝を閉じ込めしバラックより飛び出よ」(Wolfgang Mattheuer、1985年)

出典:Zwahr 1993の表紙。ツヴァー自身はこの絵について、1985年当時の東ドイツの状況を表現したものとして、以下のように説明している。「正気に戻って、もはや二つの顔で生きていくことのできない一人の男が、監禁状態で暮らしてきたバラックから飛び出ようとしている。扉が開く。われわれの時代のノア[聖書において、箱舟に乗って大洪水の難を逃れたとされる全人類の祖]は、衣装を投げ捨て裸で自由な世界に逃げ出す。彼の仲間は石のように固まって動かず、バラックが燃え出しているのに、彼の表情は羊の顔のお面に隠れて見えない。」

は、若い世代が実際に「逃亡」(図11)と「蜂起」(図14)によって「自己破壊」という「バラック」からの「自己解放」を実行に移したのです。そして「壁」は開かれました。

図7④は、同①—③に対応させて、こうしたツヴァーの一九八九年の「出来事」をめぐる思索を図示したものです。閉ざされた東ドイツ社会のヒエラルヒー(「バラック」)の

なかで「平穏」に暮らしているかに見えた若者たちは、東ドイツという一つの車体を動かす両輪となって、一方は自ら国境の壁から外に「逃亡」する方向（図の下に伸びる右側の矢印）を、そしてもう一方は国境のなかにとどまり、「蜂起」によってヒエラルヒー状の統治構造の改革をはかる方向（同じく左の矢印）を目指しました。そして両者が同時に「爆発」することによって、国境の「壁」も国境内の統治システムの「壁」も壊された（図の点線がそれを示す）というのが、ツヴァーの捉え方です。

ではその「爆発」の帰結は何だったのでしょうか。この点についてツヴァーは一九九四年の論文の最後で、「市民運動が政権交代の圧力をかけたとき、一九八九年一一月の多数派は国民民主主義的な革命への移行を強要した。革命はシステム交換と再統一に帰着した」（Zwahr 1994, p. 455）と総括します。東ドイツの体制を崩壊させたが、それに代わる新たな民主主義的な体制の構築には進まず、西ドイツとの統一によって「国民民主主義」の枠組みに飲み込

図14　1989年10月30日のライプツィヒにおける月曜デモ

出典：Zwahr 2014の表紙。

まれてしまったことが、ツヴァーにとっては一九八九年の「革命」の「一つの新しい接合形態と進行形態」の現実の姿でした。ではこの多数派とは誰なのでしょうか。こうした結論の直前の文章で、冒頭の長い引用を交えながら、ツヴァーは次のように書いています。

「一〇月九日以前には、聞き取りに応じた者の三〇％は平和の祈りに参加していた。その中心になるグループが二五歳から五五歳の労働者や職員からなっていたことは、多くのことから明らかである。「革命の母や父たち」が一二月の時点では新フォーラムやキリスト教民主同盟および自由民主党の支持者であったことは間違いない。学生や職業学校の終わっていない者を含むより若い市民たち（二五歳以下）が、ライプツィヒにおけるデモの誕生に重要な役割を果たしてはいなかったことは事実だと思われる。さらに、ライプツィヒのデモの主導権を握った平和の祈りの参加者のなかには、ＳＥＤの党員ないし支持者はまったく見当たらなかったという歴史的に重要な一つの事実は、疑うべくもない」。熟練労働者、親方、職業専門学校や大学の卒業生の間で最初に支持されていたのは東ドイツにおける社会民主党であった。しかしこの党はすぐに、少なくとも熟練労働者や親方の間では、その地位をキリスト教民主同盟に譲った。彼らが二つのドイツの統一に圧倒的に票を投じたことがこの動きを証明して

いる。（Zwahr 1994, pp. 454–455）

ツヴァーの選択

ツヴァー自身は、紹介してきたこれらの論考から判断する限り、東ドイツにとどまって改革という形をとった「平和革命」の道を志向していたと思われますが、行間からは、統一という意に沿わない帰結に直面しながらも、「逃亡」した若者や「蜂起」しながら「統一」支持に転じた者に対する批判も、またその帰結への無念の思いも明示的には読み取ることができません。それぞれが閉じこめられ、また自ら閉じこもってもいた「自己破壊」のシステムからそれぞれの思いに従って「自己解放」を試みたこと、その結果として東ドイツという密封された「バラック」が解体され、「ドイツ統一」が実現したこと。それらすべてを呑み込んだうえで、なお思った方向に「社会を変える」ことに失敗したという帰結に絶望することなく、「社会が変わる」ことへの希望を持ち続けたかに見えるツヴァーは、その著書の結論のなかに次のような文章を残しているのです。

> 二年前に比べこの間により多くの人びとに明らかとなったのは、ライプツィヒで始まり国民民主主義的革命に帰着したこの革命が大きな影響力を及ぼし、一つのヨーロッ

パ的広がりを持ったということである。ドイツ統一によってヨーロッパの戦後秩序は終わりを迎えた。ヨーロッパの現に存在した社会主義圏の急激な崩壊（それによって二つのドイツ国家の統一が可能となった）には、その起点となったゴルバチョフのソ連邦改革の試みの破綻に至る連鎖反応が続いた。いまやヨーロッパ大陸の諸民族にとって、一つの新しいヨーロッパの秩序が成立することが喫緊の課題とならざるをえない。そこでは国民国家的な国境は徐々に、連邦的なつながりからなる一つの共通のヨーロッパの後景に退いていくことになる。もろもろの国民国家の上にヨーロッパが位置する。ドイツ人は自らの歴史から理性的に学べば、平和を守りつつ行動し、ナショナリズムを共同ヨーロッパによって克服するという結論に達することができるだろう。（Zwahr 2014, p. 178）

一つのヨーロッパに向けて「社会が変わる」ことに希望を託すツヴァーの選択が持つ意味を考えるために、もう一人の歴史家とツヴァーに一九八九年の「転換」をめぐって論じあってもらうことにしましょう。もう一人の歴史家とは、アメリカ出身でフランスの社会史を専門とするダーントンです。議論のテーマとなるのは、東ドイツ市民による社会主義体制見直しの動きの中心舞台がライプツィヒから東ベルリンへと転換したことをめぐる問題と、市民たちの掲げるスローガンが社会主義体制の見直しから統一へと転換したことをめぐる問題です。

二人の歴史家が語る一九八九年秋の東ドイツ社会

ではなぜ、ツヴァーと突き合わせるのが、『猫の大虐殺』（岩波現代文庫）や『革命前夜の地下出版』（岩波書店）などによって日本でも広く知られた「フランス革命期ヨーロッパ史の専門家」ロバート・ダーントンのテキスト（ダーントン 1992）なのでしょうか。

『ベルリン・ジャーナル　一九八九―一九九〇』を原著のタイトルとして掲げたこの本は、一年にわたる研究滞在のため「たまたま」一九八九年九月一日に西ベルリンに到着した「外国人」ダーントンが、一九八九年から九〇年の滞在中に東ベルリンや東ドイツ各地で目撃したり、聞き取ったりした「出来事」について書き残した「日記」です。しかし、「出来事」を「何かおこったからといって、それがすなわち出来事なのではない。出来事は意味で満たされるのだが、その意味というのは、その場その場での自分たちの行動に結びつけながら、民衆自身が決定づけていくのだ」（ダーントン 1992, p. 10）と捉えるダーントンの「出来事史」は、「「私」という一人称単数を濫用し、はなばなしく舞台中央に記者を押し出してしまう」ジャーナリズムや、「非情な三人称単数という仮面の背後に記者の声を隠してしまう種類のジャーナリズム」とは一線を画したものであり（同書、p. 18）、私たちはこの本を通して、「革命前夜」のフランスに潜り込んだ社会史家ダーントンの姿を、フランス革命から二〇〇年を経た一九八九・九〇年の東ドイツ各地に見出すことができます。

そのダーントンにとって、一九八九年九月から一九九〇年一月までの「体制の転覆」過程は、ツヴァーにとってと同様に、「平和的」であっても紛れもない「革命」であり、彼はその渦中で「東ドイツが社会主義と資本主義の間の「第三の道」を見出すのかもしれないと思っていた（そして望んでもいた）」（同書、p. 13）と述べています。その彼の目には、一一月初旬の東ベルリンの情況は次のように映じていました。少し長くなりますがそのまま引用しておきましょう。

> 西側の人間は普通、東ドイツ市民が渇望し、切望しているのは高い給料を稼ぐことであり、稼いだその金を西側で手に入る消費物資に使うことだと想像している。この発想は、東ドイツ市民の西側への亡命をはやしたてているマスコミの大宣伝の中にとりわけ浸透しており、もっと重大な意味を持った、繰り返し叫ばれる東ドイツ市民の声をかき消してしまったのである。その声は壁への襲撃が行われる以前、ライプツィ

ヒ、ドレースデン、そしてその他一二もの都市でデモをしながら、祖国に残ろうとしていた何一〇万人もの東ドイツ市民によるシュプレヒコールの中に現れた。「われわれが人民だ！　われわれはここに残る！」一一月四日、東ベルリンでおこなわれた最大のデモの中で、五〇万から一〇〇万の市民がこのテーマを繰り返し叫んだのであった。そのデモの際、流血騒ぎは一つもなく、一枚の窓ガラスも割られることはなかった。

　これらのデモは、共産党の合法性を徐々に切り崩し、その合法性を民衆の側にもたらしながら、街の通りで行われる東ドイツ版三部会〔フランス革命以前の身分制議会。一七八九年五月五日に一七五年ぶりに開催されたが、フランス革命への引き金となった〕として機能していた。民衆が壁を征服したことで、この過程はクライマックスに達した。しかしまさにそのとき、東ドイツ市民は一つの問題に直面することになったのである。自分たちと西側を隔てるものがもはやないとしたら、いったい自分たちは何をすべきなのか、という問題である。（同書、pp. 70–71）

この文章は、東ドイツとアメリカという生まれ育った地域、ドイツ近代史とフランス近世・近代史専攻という研究領域の違いを超えて、前節で取り上げたツヴァーの記述と響き合う面を持っています。市民たちのデモ行進で叫ばれ、プラカードや横断幕に書きつけられた市民の思いを記述の判断材料とするという両者に共通する姿勢（ダーントンについては同書、三〇三頁以下の「博物館の革命」をも参照）から導かれたツヴァーの見方を、ここで改めて確認しておきましょう。

> 民主的革命が始まったのは、「雪だるま作用」が始まったとき、すなわちさまざまなグループの行動（一九八九年九月一八日および二五日のライプツィヒ）および個人の行動（一九八九年九月二〇日のアルンシュタット〔「月曜デモ」の先駆〕）が大衆の流動化を呼び起こし、これがひと転がりごとにさらなる政治化と大衆の行動を呼び覚ましたときである。私の理解では、この展開過程が革命へと急転換する核心はまさにこの点にあった。なぜなら、市民運動は一定の共感領域と、市民運動にとって個々にはまだ正確にはつかめなかったさらなる周辺領域にピタリと収まっていたからである。この共感領域が、前例の持つ影響作用、言葉、文章、さらに重要なことにテレビによって刺激され、目に見える形をとったときに初めて、少数者の信仰告白にも似た意図的な行動が大衆を動員する効果を持つに至ったのである。（Zwahr 1996b, p. 460）

しかし、両者のこうした響き合う見方にはある違いも潜んでいるように思われます。ライプツィヒに始まったデモ行進（月曜日ごとに開かれた教会での祈りの集いの後に行われた）が飛び火して展開された、一一月初旬の東ベルリンでの大規模なデモ行進から一一月九日のベルリンの壁の開放に至る動きをどう理解するかをめぐる違いがそれです。先の引用のなかでダーントンは、一一月四日に東ベルリンで行われた最大規模のデモ行進について、「われわれが人民だ！　われわれはここに残る！」との叫びが「繰り返し叫ばれた」と書いています。これに対し一九八九年一〇月から一一月にかけてのライプツィヒと東ベルリンにおける「デモ行進の比較」を行ったツヴァーの興味深い論考（Zwahr 1996a）には、「ライプツィヒに端を発する「われわれが人民だ」という大衆の叫びが、〔一一月四日の〕東ベルリンでは誰から見ても明らかに忌避されていたことは、奇妙に思える」という記述（同、p. 450）が見られるのです。その原因について彼自身は以下のように論じています。

> システムの転換は誰も要求しようとはしなかった、ないしあえて要求しようとはしなかった。また発言者のなかで人民主権の承認を一貫して自由選挙とその実行の承認にまで突き詰めたものはいなかった。
>
> これに対しライプツィヒでは人民主権の原則は、東ベルリンのように大所高所から

の演出によって妨げられることなく、国民民主主義的転換に至るまでデモ行進のたびに絶えず貫徹されていた。だがライプツィヒでも東ベルリンでも、デモ行進の様子からシステム転換の予兆が見て取れることに変わりはなかった。だがその背後には、クレンツ〔当時、ホーネッカーに代わりSED総書記〕とシャボウスキー〔当時、SED政治局員〕が一一月九日にベルリンの壁を開放したことで歓喜を爆発させた多数派がいたのである。彼らは変わるようには見えなかった事態に順応する一方で、自分たちは壁によって閉じこめられていると考えていたのである。（同、p. 454）

ツヴァーかダーントンか

こうしたダーントンとツヴァーの記述の違いの背景には、何があるのでしょうか。その要因としては、一一月四日の東ベルリンにおける動きにライプツィヒとは違う空気を感じ取っていたツヴァーが、一一月九日のベルリンの壁開放を契機に一挙に表面化した統一への希求を、体制変革を求めた東ドイツの市民の動きの背後に潜んでいた沈黙せる多数者が表舞台に躍り出た動きから説明しようとしたのに対し、ダーントンが一一月四日の東ベルリンにおける「平和的な革命」から大きな、そしてポジティブなインパクトを受けていたことが挙げられます。ただし、ダーントンは自身の「ジャーナル」をまとめるにあたって、一一月九日前後の自身の認識について、「私の犯した二つの最大の誤りは、晩秋における西ドイツとの統一推進の重要性を認識できなかったことと、選挙キャンペーン中のキリスト教民主同盟の力を過小評価したことである」（ダーントン 1992, p. 13）と述べるとともに、次のような自己批判の文章を書き残しています。

政治的信念が異なっているとはいえ、本質的に東ドイツ人は西ドイツ人と同じであると私は決め込んでいた。どちらも同じ言語を話し、一つの文化を分け合っているのだから同じだろうと考えていた。しかし彼らは四〇年にわたって別れて暮らしてきたのだ。それも、いかに効果的に彼らが分割されていたか、そしてこの分割がいかに深く二つの社会に食い込んでいたかということを私は認識していなかった。それは普通の人びとの日々の生活に、彼らの交際の仕方に、時間と金、友情と家族、そして共通であるはずの言葉にまで及んでいたのであった。（同書、p. 15）

こうしてみるとツヴァーとダーントンによる一一月の東ベルリンを舞台とした東ドイツ革命の転換についての理解の差異は、それを東ドイツの内側から、それも東ベルリンではなくライプツィヒという立脚点に踏みとどまって批判的に見るか、東ドイツに寄り添いながらも他者として、いわば歴史家が過去の時代と向き合うように理解しようとしたかの違いから生じているように見えます。しかし統一に至る過程での東ドイツ社会の揺れを追跡しようとしている私たちにとって重要なのは、両者の違いそのものよりも、ライプツィヒに踏みとどまって一一月の舞台転換を批判的に、しかし自身の問題として考え続けようとするツヴァーの姿勢と、他者性からくる自らの先入観に対するダーントンの「反省」の姿勢ではないでしょうか。ではそこから私たちは何をくみ取ることができるのでしょうか。それは、「劣化する社会」の揺れを理解するために必要な、以下の三つの着眼点だと思われます。

①社会の動きを市民の自律的な運動に即して理解すること。
②その際、政治的な大状況との連関に留意すること。
③市民の自律的な運動の基盤となる日常生活と政治状況との中間にあって日常生活を支えていた中間組織に着目すること。

この第三の着眼点について私たちは、「月曜デモ」を支えたライプツィヒの人びとの日常的なつながりからのみならず、上記の引用にある「普通の人びとの日々の生活」へのダーントンの眼差しと、ハレとイエナの間に位置するラウハという村における統一前後の「革命」の経緯をめぐるダーントンの記述（ダーントン 1992, pp. 200以下、pp. 266以下）からも多くを学び取ることができます。

そこで私たちも、歴史家同士の議論を離れ、東ドイツ最大の「大衆組織」であったＦＤＪ（第一章第3節参照）およびそれとは対照的に高齢者の生活を支えることを目的とした「人民連帯」（ＶＳ）が一九八九・九〇年に選びとった選択に目を向けることにしましょう。

2　二つの中間組織の選択

ここまでの叙述において、私たちは社会主義国東ドイツにも存在した三つのタイプの中間組織について検討してきました。第一に、東ドイツにおいて政治的な意図に基づいて上から組織される傾向の強かった「大衆組織」のなかから、若者に体制同調的な意識を植え付けてきたＦＤＪ（自由ドイツ青年同盟）を取りあげました。ついで第二に、教会の庇護の下に小さなサークルとして細々と続いていた組織が母体となって、チェルノブイリの年である一九八六年前後から社会の表面に躍り出てきて反体制的な社会運動を形づくった中間組織（日本でも優れた研究があるこの問題については井関2016、第三・四章などを参照）、そして第三に、これも一九八六年に改めてその機能が顕在化することになった、日常生活を支える人と人とのつながりという意味でのインフォーマルな中間組織です。

本節では、チェルノブイリ以降、一挙に体制の危機が加速し、一九八九・九〇年に東西ドイツの統一が実現するという状況に直面するなかで、その影響を最も強く受け、大きな転換を余儀なくされた第一のタイプの中間組織のなかから、活動主体と活動対象の年齢層が対極にある「自由ドイツ青年同盟」と「人民連帯」（ＶＳ）を取りあげます。その目的は、東ドイツ社会において「公認」されていた中間組織が東ドイツの人びとの日常生活において果たしていた役割を検証することにあります。

ＦＤＪの動揺とＳＥＤ

すでに述べたように、ライプツィヒの中央青少年研究所の所長であったフリードリヒは、一九八八年六月のクレンツあての報告（第一章第3節参照）をはじめとして、たびたび東ドイツの青少年の意識変化とそれにともなうＦＤＪの組織内での動揺に警告を発していました。しかしこの警告は政権側の対応に変化をもたらしはしませんでした。一九八九年二月八日付の『青少年の世界』（ＦＤＪ中央評議会の発行する日刊紙）に掲載されたホーネッカーへのインタビューにおける以下のやりとりがそのことをよく示しています。

【聞き手】ホーネッカー同志、あなたはドイツ共産党創設七〇周年を祝う演説でカール・リープクネヒトを引用されています。「事件の大波は天まで届く。われわれはその頂点から最底辺へと揺さぶられるのが常である。しかし、われわれの船はコースをたがえず、堂々と目的地へと進む。目的地に着いたとき、まだわれわれの命が長らえていようといまいと、われわれの綱領は命脈を保っているであろう。解放された人間の世界が現れる。どんなことがあろうと！」この言葉には議論の余地はありませんね。

【ホーネッカー】まったくありません。歴史がそれを証明しています。一国のレベルでも、世界全体でも。今日、勝利と民族解放の赤旗がすでに地球の三分の一以上の地域で翻っています。エルベ〔チェコを源としドイツから北海へと流れる河川〕から太平洋、太平洋からカリブ海に至るまで。一五億を超える人びとが、マルクス、エンゲルス、そしてレーニンによって指し示されたこの道を歩んでいるのです。（Mählert/Stephan 1996, p. 252)

図15　1989年秋、プラハの西ドイツ大使館に集まる「亡命」希望者

出典：Mählert/ Stephan 1996, p. 257.

この期に及んでなんとも能天気といえば能天気な発言ですが、三か月後にはこの発言は文字通り「事件の大波」に飲み込まれることになります。すなわち、一九八九年五月一二日から一五日にかけて開かれた東ドイツ時代最後の「聖霊降臨祭〔もともとは復活祭から五〇日後に祝われるキリスト教の祝祭〕の集い」の最終日に若者たちの盛大な行進が東ベルリンのカール・マルクス・アレーを埋め尽くし、六月初頭には天安門における「学生の反乱に対する血の弾圧」を東ドイツ政府が公に支持する一方で、その数日後には、「多くがまだ青いシャツ〔ＦＤＪのユニフォーム〕を着て、党と国家の不人気な指導者たちに手を振っていた若い東ドイツ市民たちが、危険な道を西ドイツへと向かう賭け」に出たのです。ハンガリー政府がオーストリアとの国境を開く決定をしたからでした（Mählert/ Stephan 1996, p. 254）。

前節でも検討した二つの逆行する人の動きのうち、前者の「東ドイツを出る」動きは若者たちを中心に勢いを増し、ＦＤＪもその影響を被ることになりました。八月末にはブタペストで一四〇〇人がオーストリアへの国境の「開放」を待っていましたし、秋になると、プラハの西ドイツ大使館の庭は「亡命希望者」であふれ（図15参照）、一〇月五日にはプラハからの第一陣が列車で東ドイツを「通過」して西ドイツに到着しています（図16参照）。こうした多くの若者たちを含む東ドイツ脱出の動きがＦＤＪの活動基盤を掘り崩し、ＦＤＪの動揺に拍車をかけることになったことはいうまでもありません。

図16　1989年10月５日、プラハからホーフ（西ドイツ・バイエルン州）に到着した東ドイツからの「亡命者」

出典：Mählert/ Stephan 1996, p. 258.

ＦＤＪの選択

では、「東ドイツにとどまる」動きからは何が生じたのでしょうか。その動きは、基本的に前節ですでに検討したライプツィヒや東ベルリン、そしてその他の東ドイツ各地で展開された市民の動きと重なり合っています。ここでも、著者の一人がかつてのＦＤＪメンバーであり、ＦＤＪ関連の資料が豊富に掲載されているとしてすでに紹介した文献（Mählert/Stephan 1996）の最終章（「断末魔の苦しみと終焉」）に依拠しながら、一九八九年一〇月から一九九〇年三月の組織「終焉」までの生き残りをかけた歩みを概観しておきましょう。ＦＤＪの「終焉」は、党・政権と密着してきた中間組織（「大衆組織」）による改革に向けた遅すぎた選択の帰結にほかなりません。

ここではまずＦＤＪの歩みを規定した東ドイツにおける政治状況の矢継ぎ早の動きを、日を追って整理しておきます（成瀬／山田／木村編 1997に付された年表を参照）。

【一九八九年】一〇・七：東ドイツ建国四〇周年式典
一〇・九：ライプツィヒで市民による大規模なデモ
一〇・一八：ＳＥＤ総書記ホーネッカーの解任。後任にクレンツ就任
一一・九：ベルリンの壁の「開放」
一一・一三：ハンス・モドロー、東ドイツ新首相に
一二・七：第一回中央円卓会議
一二・九：ＳＥＤ党首にギジ選出
一二・一七：シュタージ廃止

【一九九〇年】二・四：ＳＥＤ、民主社会党ＰＤＳに改称
三・一八：東ドイツ初の自由投票による人民議会選挙

こうした政局の動きと並行して、「断末魔の苦しみ」に直面したＦＤＪでは、生き残りをかけた二つの大きな動きがありました。一つはＳＥＤ総書記ホーネッカーの解任と連動する「上から」の動きであり、いま一つは壁の「開放」から円卓会議を経て人民議会選挙に流れ込む、組織改革を求めた若いＦＤＪメンバーの「下から」の動きです。

第一の動きは、ライプツィヒで大規模な市民のデモが起きた一〇月九日、ＦＤＪ中央評議会第一書記のエバーハルト・アウリヒほか二名が、「クレンツやソ連大使と申し合わせた」うえで、ホーネッカーおよび「政治局」あてに一つの文書を送った動きです。「青少年の間での政治状況の判断。ＳＥＤ第一二回党大会およびＦＤＪ第八回全体会議のさらなる準備に向けた結論」と題されたこの文書（Mählert/Stephan 1996, pp. 263–264 にその「抜粋」が収録されています）の要点を【　】内に示した項目ごとに紹介しておきましょう。

【青少年の間での政治状況の判断】東ドイツにおける社会主義の展開をめぐる内政および外政上の条件の変化により、ＳＥＤの青少年政策の基本理念が社会主義発展の法

則にかなっているか、依然として有効であるとみなしうるか、さらにＦＤＪの大衆への影響力が保たれうるかについて、疑念が生じている。……東ドイツの青少年は自らの生活状況が基本的な点については充足されていると受け止めている。また社会的な安全が重要であるとみなされている。しかし、青少年が持つわが国の計画経済の有効性への信頼や、長年にわたって続いている問題の解決に向けた党や国の対応の本気度への信頼をますます弱めるような一連の問題が存在する。

ＦＤＪ指導部の側から見た「青少年」の抱く「不満」とはどのようなものだったのでしょうか。当該文書では三点が指摘されています。

【青少年の満たされていない欲求】「若者向けのファッションン」「スポーツウエア」「子供服」「小型オートバイ」「自転車」「音楽機器」「家具」「コンピューター」「食料品」【これらに関するコメント】東ドイツは西ドイツよりも高い生活水準を提供しているとする党指導部による主張は、根本的に拒絶されている。

【住居問題】この領域で進展があったことは認められている。しかし、住居問題は一九九〇年時点ではたして解消しているのかという疑問の声が大きくなっている。……

〔住居を求める若いカップルにとって〕全体平均の待ち時間は一八か月だが、場所によっては、特に大都市では、それ以上に待たなければならないところがある。
【ＦＤＪに対する不満】青少年がＦＤＪに煩わしさを感じるのは、次のような諸点である。すなわち、自分たちの考えていることをわかっていない活動家による中身の薄い話、多くの催しにおける紋切り型の進行手順（グループごとの活動においてすらみられる講話→討論→結びの言葉という手順）、お互いの間での自由な議論の欠如、討論内容の「事前検閲」、そしてＦＤＪ活動のプランニングに参加する可能性が少なすぎることなど。

ここでも消費をめぐる具体的な「不満」が真っ先に挙げられていることが目につきますが、メルケルにとっても大問題だった住居問題への言及を含め文書のこうした内容を全体として見ると、ＦＤＪ指導部にもついにフリードリヒの警告が届いたかのような印象を受けます。しかし、結論からいうと、この動きはＦＤＪの生き残りをかけた選択というよりは、ＳＥＤにおける権力闘争の色彩が強いものでした。その根拠は三つあります。第一に、ホーネッカーがこの文書に対し、「ＦＤＪ指導部が一致して党と中央委員会の政策を攻撃するなどというのは、東ドイツ史上初めてのことだ」と激しい口調で反論したこと、第二に、それにもかかわらず一〇月一八日にはホーネッカーに代わって、一九七四年から一九八三年までＦＤＪトップの地位にあったクレンツが党総書記に就任していること、さらに第三に、問題提起したＦＤＪ側に上記の問題状況に対する具体的な「改革案」がなかったことがそれです。ではもう一つの動きはどのようなものだったでしょうか。

その動きが表へ出てくる前に、「上から」の動きはなお続いていました。「権力闘争」には勝った形のクレンツとアウリヒは、一一月九日のベルリンの壁の「開放」を挟んでＦＤＪの立て直しを図りますが、もはや政治状況の動きのスピードに対応できず、一一月二四・二五日のＦＤＪ第一三回中央評議会においてアウリヒは退陣を余儀なくされ、後任の選挙でも敗れてしまいます。アウリヒの提起した「新たなＦＤＪ」像が、相も変わらぬ「反ファシズム」、「国際主義」、「政党からの独立」といった標語で表現されていたのが原因でした。そしてそれに代わる「下から」の動きの目指すものが明らかになるのは、ＦＤＪが一二月七日の中央円卓会議（東ドイツの危機打開のために政党や各種組織の新旧の代表者が教会を核に集まった会議）へのオブザーバー参加を認められた後のことでした。

一九九〇年一月二七・二八日にブランデンブルクで開かれた「新しい社会主義的青少年同盟会議」に集まった「平均二三歳とＦＤＪとしては破格に若い」一七八五名の代表者が新しい「ＦＤＪ綱領案」（Mählert/Stephan 1996, pp. 272–273. 録音された会議録からの「写し」）を提示したのです。そこでは次のようなＦＤＪ像が打ち出されています。少し長くなりますが、東ドイツにとどまり社会主義体制の「改革」をはかろうとした動きの核心が示されているので、引用しておきます。

> われわれは民主的、政治的、かつ自律的な青少年同盟である。諸政党から独立して同盟員の諸権利と利益のために戦い、青少年政策のための構想を社会の全領域に行きわたらせ、他の諸政党・組織・運動と連携する。左翼的な政治同盟として、われわれは過去と現在の思想から受け継いだ進歩的・人道的・科学的な思想を志向する。われわれはとりわけ、ファシズム・レイシズム・国家主義との戦いにおいて、左翼的・革命的・社会主義的かつマルクス主義的理念と理想に与し、あらゆる種類の政治的急進主義およびスターリニズムのすべての現象形態と距離を置く。われわれがつくり上げ、役立てたいと思うのは、人道的・民主的かつ社会主義的な原理によって構成された社会である。すなわちそれはわれわれにとって、平和で一つとなったヨーロッパの展開という枠組みのなかで、互いに他を指揮監督下に置いたり略奪したりすることなく独立を保つ諸国の一つとして、契約共同体と盟約的な組織体をつくり上げることにほかならない。情報の公開と意見の多様性、法治国家と各人の自己決定、そして国際分業

へのより強固な結びつきを可能にする市場指向の経済。環境と人間に負荷をかけるのではなく、環境と人間の枠内でその利害で動くこと。人間相互の同権と連帯的な行動、とりわけ社会的に弱い人びとの安全。すべての個人が平等に力を発揮すること、および人間がともに生きるなかでその可能性を保証するための教育・文化・自由時間の機会を創出すること。環境意識・行動の育成と、発展途上国に対する搾取のない、諸民族間の平和的、連帯的共存。そうした民主的な共和国を目指して、われわれはすべての相互に対等な民主的諸勢力と協働する。

「オルターナティブな〔もう一つの〕東ドイツ」を目指すこの綱領案は会議において可決されたものの、その理想主義的ではあってもあまりに抽象的な、言い換えれば組織のメンバーたちに響かない常套句的な表現と組織名称の維持（略称は大文字のＦＤＪから小文字のｆｄｊに変更！）が示しているように、ＦＤＪはこの「若い」代表者による会議という意味では先の同盟中枢部の動きと比べ「下から」の動きではあっても、ＳＥＤのＰＤＳ（民主社会党の略称）への改称と同じく、これまでの「防御的な位置」を清算できるものではありませんでした。* 新たな執行部の下で、他の同じ路線に立つグループと選挙同盟を結成して臨んだ一九九〇年三月一八日の東ドイツ初の「自由な」人民議会選挙において、この同盟が獲得できた票はわずか〇・一三%に過ぎませんでした。そして同月、「自由ドイツ青年同盟」（ＦＤＪ／ｆｄｊ）は「ピオニール団エルンスト・テールマン」とともに「終焉」を迎えることになります。

＊　この点は、前述のツヴァーの立場の限界、すなわち「平和革命」への彼の思いが革命状況の力学に翻弄されてしまった点や、次節で論じることになるメルケルの「もう一つの選択」（「東ドイツを去る」選択と「東ドイツにとどまり社会主義の改革をはかる」選択に代わる選択）とかかわる問題ですが、次節で改めてメルケルの「東ドイツ社会像」に絡めて論じることにしたいと思います。

一九八九・九〇年にＦＤＪがとった選択は、東ドイツにおいて一〇代の若者にとって日常生活の一部となってはいたが、生活水準の上昇に見合って膨らむ若者たちの消費願望に対応できず、党の方針を「上意下達」する「伝動ベルト」であり、かつ党エリート調達のエスカレーターでもあり続けた中間組織の末路を象徴するものとなりました。しかし、この事例のみで東ドイツにおける中間組織の役割について、ネガティブな評価を下してしまっていいのでしょうか。この疑問に答えるために、東ドイツの国民戦線所属の「大衆組織」のなかで、人民議会における「代表権」を有してはいなかったものの、メンバー数においてはＦＤＪとほぼ肩を並べていた「人民連帯」（一九八七年時点で約二一五万人。同じ時点でのSEDの党員数は約二三三万人。表9参照）の「選択」を検討することにしましょう。

「人民連帯」（VS）とは何か

この組織は、もともとヴァイマル期に活動していた「ドイツ赤色救援隊」の活動を受け継ぎ、第二次世界大戦直後のソ連占領地区（のちの東ドイツ）において「越冬援助」を目的に設立された地域レベルの組織を母体としています。そして、一九五〇年代にかけて「駅頭」での援助活動を含め、幅広い援助活動を展開した後、一九五六年に「会員制大衆組織」として党の公認を受け、「国民戦線」に組み入れられます。ただ表9から明らかなように、VSはそのなかにあって、SEDにとっての重要度からいうと、FDJよりは一段下の「その他の大衆組織」に位置づけられていました。戦後の混乱期における緊急援助というニーズへの対応を当初の活動目的としていたということもあって、VSは最初から政治的な色合いの強かったFDJとは成り立ちを異にしていたといえます。

VSはその後、一九六〇年代以降になると、ベルリンの壁の構築以前の若年労働力の大量の流失もあって次第に大きな社会問題となってくる人口の高齢化に対応すべく、政策的なケアの手薄だった退職者や年金生活者の生活をサポートする活動に特化する形で、一九八九・九〇年に至るまで東ドイツ社会で一定の役割を果たし続けました（川越 2016a, 2016b を参照）。一九七七年四月に決定されたＶＳの規約は、こうした東ドイツ時代のＶＳの到達点を示しています。それによると、「人民連帯は社会主義的な大衆組織」であり、「退職労働者や年金生活者の福祉のために、社会主義社会の発展と歩調を合わせ展開される人道的な活動を積極的に促進し支援するドイツ民主共和国の市民を、自由意思に基づき一つに束ねる」組織だとされていました（Lattka 2002, p. 755）。

　こうしたＶＳに対しても一九八九・九〇年の激動は、大きな影響を及ぼしました。一九八九年から一九九四年にかけてのＶＳの活動を示す表10からは、東ドイツ崩壊直前のＶＳの活動内容とともに、一九九一年以降、ＶＳがＦＤＪとは異なり組織として存続したこと、そしてそれにもかかわらず、会員数の減少に示されているように、活動規模が全体として縮小され、またその活動内容も高齢者ケアの範囲を超えて変化していることが明らかになります。すなわち、高齢者に対する「家事援助」活動（無給のボランティアや有給のヘルパーによる居宅内の多様なサービス）や「昼食」サービスといった日常生活のサポートから「通い」あるいは「入所」している高齢者に対するケアに活動の重点が移動するとともに、旅行斡旋や保育園事業へも進出しているのです。ではこうした変化はなぜ起こったのでしょうか。ＶＳはこの時期に、組織の存続に向けてどのような選択を行ったのでしょう

表10　人民連帯の活動　1989–1994

		1989	1990	1991	1992	1993	1994
会員	1000人	2,106	1,913	853	643	550	538
ボランティア・ヘルパー	1000人	197	165	45*	31*	27*	29**
地域／会員グループ	実数	14,986	13,397	6,859	5,785	5,256	4,688
コーラス・歌唱グループ	実数	451		93			
人民連帯クラブ／集い	実数	946		453	450	459	498
人民連帯主催旅行	参加者1000人[b]			4.3	20.3	53.9	64.7
社会復帰／通院ケア	実数			107	111	99	107
入所ケア施設	ケア対象者数				16	19	32
家事援助	1000時間	87,000					23,154[a]
昼食サービス／月	1000	215		53			772
保育所	実数				73	162	214

*ザクセン州を除く　　**メクレンブルク・フォアポメルン州を除く

[a]　1か月の援助件数　　[b]　旅行クラブのみ

出典：Winkler 2009, p. 30.

か。

ＶＳの選択

一九八九年秋の激動に、ＦＤＪと同様、まったく備えのないまま直面することになったＶＳの対応が明らかになるのは、同年末から翌年春にかけての時期です。一一月二九日から一二月九日にかけての中央委員会拡大幹部会に向けた「声明」や「幹部会報告」、そして六月に予定された中央委員会（実際には五月二六・二七日に臨時の代表者会議が開かれ、対応が確定します）に向けて公表された「新綱領案」は、一致してＶＳのとるべき選択の方向を提示しています。それは「新綱領案（ＶＳの機関紙『人民ヘルパー』*Volkshelfer* 1990. Heft 5. pp. 6–8. を参照）」において次のような条項の形をとって表現されています。

【基本原則と目的】「第一条第一項：人民連帯は公益に奉仕する、独立かつ自立した社会組織である。人民連帯は高齢で援助の必要な市民の利益を代表し、彼らの政治的、経済的、社会的諸権利のために尽力し、社会に向け彼らの文化的、社会的ケアのためのサービスを提供する。人民連帯は年金生活者、退職者、高齢者の利害を代弁し社会生活への影響力を行使すべく、彼らすべてに門戸を開いている。人民連帯は高齢で援助の必要な市民同胞との連帯に心を砕くすべての年齢層の人びとと手を携える。

第二項：人民連帯は憲法、わが国の人道的、民主的、反ファシズム的な基本価値への忠誠を誓う。人民連帯は他の社会団体および組織、国家、教会、市町村の施設、企業、協同組合と協力関係を取り結ぶとともに、国外の連携組織との関係維持に努める。

第三項：人民連帯は倫理的・道徳的価値を行き渡らせるべく活動し、高齢期における人間としての尊厳にふさわしい生活と世代間のよき関係、そして互恵に基づく関係のために尽力する。

【人民連帯の地域支部】第七条第一項：人民連帯は地域原則（Territorialprinzip）に従って組織される。その基盤は地域支部である。地域支部は都市の居住区ないし市町村につくられる。

「新綱領案」といっても何かまだ東ドイツ的な臭いの強いものですが、「ＦＤＪの綱領案」と比較しながらよく読むと、それでも二つの点に新しさが見られます。一つは人民連帯の組織としての独立性（つまり党からの自立性）と活動の公益性が強調されていること、そしていま一つは組織の中央集権主義（東ドイツの用語では民主集中主義）にかわって地域からの積み上げ方式（「地域原則」）が打ち出されていることです。ここにＶＳの生き残りのための選択が潜んでいました。

しかしそうした方向への転身は実際には容易ではありませんでした。東ドイツの解体と西ドイツとの統一（現実には西ドイツ基本法第二三条の規定による東ドイツの西ドイツへの「編入」）によって、それまであった国からの財政支援が打ち切られたこと（ただしＶＳには会費その他の独自の収入源がありました）、不動産などの資産の所有権が認められなかったこと、東ドイツへの進出をはかる西ドイツの福祉関連団体との競争にさらされたことがその理由でした。

人民連帯はこれらの問題を、自らを西ドイツの福祉システム（「民間福祉頂上団体」と呼ばれるキリスト教系、労働団体系、そしてそれらに含まれない無宗教系の諸団体が運営する福祉事業を通じて公的な福祉サービスが提供される仕組み）に適合させることによって解決しようしました。すなわち、人民連帯は「無宗教系の民間福祉頂上団体」の一員となることを通じて、組織としての生き残りをはかったのです。それによって人民連帯は「対になる西ドイツの組織への統合なしにドイツ統一を生き延びた数少ない東ドイツの組織」となりました（Angerhausen 2003, p. 305）。表10において、一九九二年以降、会員数や地域／会員グループ数の減少に歯止めがかかったことや展開される事業の幅が拡大するのもその結果と見ることができます。ではこの「成果」を頭に入れたうえで、東ドイツにおける中間組織の役割をどう評価したらいいのでしょうか。

東ドイツにおける中間組織の役割

統一前後の人民連帯の動きについては二つの異なる解釈があります。一つは、社会学的な関心に立って、東ドイツ時代にFDJと同じく国家や党に「従属」した人民連帯が果たした「急進的組織転換」を西ドイツ的な中間組織への転換として高く評価するものです（Angerhausen 2003. この本は一九六四年に西ドイツのクレーフェルトで生まれた著者が二〇〇〇年にフンボルト大学に提出した博士論文をもとにしたものです）。そしていま一つは、東ドイツ時代の人民連帯が「国民戦線」の組織であるという制約を受けつつも、その出発点において日常生活上の緊急事態の回避という明確なニーズに地域ごとに対応することを目的とした組織であったことを重視し、その意味では統一後のVSの選択は、「初心に帰る」ものでもあったと評価する歴史学的な解釈です（Lattka 2002. p. 747. 一九五六年生まれのラトカは、東ベルリンのフンボルト大学で歴史学を学び、統一後は人民連帯の資料の整理・保存や連邦文書館への移管に携わりました）。

私自身は、こうした二つの解釈のどちらか一方に与するものではありません。理由は両者に対する三つの疑問にあります。第一に、アンガーハウゼンには、東ドイツにおけるＦＤＪとＶＳを同列に扱うことへの疑問があります。第二の疑問はラトカに対するものであり、ＶＳが「初心に帰る」ことで統一期の混乱を乗り切ったとしても、紹介した「新綱領案」にはなお東ドイツ色が強く残っていることをどう理解すべきかという点にかかわっています。そして第三は、本書が対象とする時期的な枠を超える問題ですが、「生き残った」ＶＳが新しい事業に過度に傾斜すること*によって、日常生活のサポートという本来の中間組織機能を失って行くことをどう評価したらいいかという、アンガーハウゼン、ラトカ両氏の解釈に共通して抱く疑問です。

＊　具体的には、二〇一二年二月に当時まだベルリンに存続していたＶＳの文書館において話を聞いた文書館責任者ラトカ氏によると、表10からも窺えるように、旅行斡旋事業が問題となります。

これらの点を勘案して、私は東ドイツにおける中間組織の役割について次のように結論づけたいと思います。

①東ドイツにも中間組織を生み出し、日常生活のニーズに応じて活動を展開するた

めの歴史的な基盤があったといえる。

②しかし中間組織が「国民戦線」として組織化され、国家や党の関与が強まるに応じて、「上意下達」の「伝動ベルト」としての役割が強化されることとなり、日常的なニーズに応えるという中間組織としての自発的機能が停止（ＦＤＪ）ないし副次化（ＶＳ）した。

③それにもかかわらず、人と人との人的なつながりによるインフォーマルな助け合いの行動は、ボランティアによる家事援助の形をとってＶＳの活動に取り込まれ、社会的弱者としての高齢者に対する国家によるサポートの欠落を補う一定の役割を果たし続けた。

④一九八九・九〇年の激動期には、国民戦線として組織されていた東ドイツの中間組織は生き残りをはかるものの、西ドイツの福祉システムへの適応をはかったＶＳを例外として、解体を余儀なくされた。

⑤統一後の東ドイツにおいて、西ドイツの中間組織に適応する形で再生された中間組織もまた、西ドイツにおける中間組織同様、グローバル化の進行、新自由主義的政策の展開などによって次第に機能不全傾向を強めるが、東ドイツ時代の中間組織の活動蓄積からはそれを突破する新たな可能性は提供されなかった。

このように私は、東ドイツにおける中間組織の存在と活動の展開については否定しないものの、統一後に受け継がれるべき未来志向的な役割の構築をめぐっては低い評価をすることになります。その根本原因は、東ドイツが自らの力で社会の「劣化」を克服する道を見出しえなかったことにあります。

とはいえ、ドイツの統一も「二つのドイツ」、そして東ドイツがはらんでいた問題をパーフェクトに解決するものではありませんでした。一九八九年秋の東ドイツ市民デモにおけるスローガンの「われわれが人民だ」から「われわれは一つの国民だ」への転換、一九九〇年五月に方向づけられた通貨の統合と東ドイツの「物言わぬ大衆」の西ドイツ・マルクへの「拝跪」、同一〇月三日の西ドイツ基本法の規定に沿った「統一」。こうしたステップを踏んで進行した、総じて東ドイツの西ドイツへの吸収合併ともいえる統一は、問題解決というよりは、新たな問題状況を生み出す起点となったといえます。統一後のドイツ社会もまた、「発展」と「劣化」のせめぎ合いから自由にはなりえなかったのです。

人民連帯の活動と関連づけるならば、統一によって加速した高齢者介護と家族のかかわりをめぐる問題（統一後の一九九四年に制定される介護保険法をめぐる問題を指します）、のちにドイツ連邦首相となるメルケルの下で加速した西ドイツ的な福祉システムの見直しと「多世代ハウス」という、日常生活において次々と浮上する多様なニーズに対応しうる新たなタイプの中間組織の展開（上田 2014, 2016, 2020を参照）は、既存の中間組織の「劣化」を克服しようとした政策対応の例と捉えることができます。

これらの統一後の問題にこれ以上立ち入ることはできませんが、私たちは、残されたスペースで、東ドイツで育ったメルケルがのちにドイツを首相として率いることになったとき、彼女の政策を支える核になった理念が東ドイツにおいてどのように育まれたかについて考えてみたいと思います。

3　もう一つの選択——メルケルの東ドイツ像

本節においては、ここまでテンプリーンからライプツィヒを経て東ベルリンへ、そして東ドイツにおける日常生活へと私たちを手引きしてくれたメルケルが再び主役となります。ミュラー＝フォッグとの対話を手がかりに、メルケルが東ドイツで暮らし、成長するなかで形づくった東ドイツ像がどのようなものだったのか、そしてそれが一九八九・九〇年の政治家への転身という彼女の選択とどう結びつくのかを探ることが課題です。

東ドイツを見る眼

最初に、東ドイツで暮らしていたときの感覚、基本的な東ドイツ評価とその変化について、メルケル自身の回想を見ることにしましょう。鍵になるのは、「閉じ込め」、「批判的思考」、「不変」という点です。

【ミュラー＝フォッグ】あなたは警察国家のなかで生きているという気持ち、閉じ込められているという気持ちは持たなかったのですか？

【メルケル】私は、丸見えの空間、そこでは完全に打ち解けることは許されず、常に自制が必要であるような空間で生きているという感覚を持っていました。この経験から私はともかくも、よりうまく機能し、人びとが自分から少しでも何かをできるようになるために社会がとるべき形について、徹底的に考えるようになりました。この問いはいまでも私の胸中にあります。

【ミュラー＝フォッグ】あなたの東ドイツ観は時間とともに変化しましたか？　完全な拒絶から、東ドイツでの生活にも良いところはあったという見方への変化です。あるいはむしろその反対で、あなたは年々より批判的になったのでしょうか？

【メルケル】より批判的になりました。一点のくもりもありません。まったく不十分な手段しか持たずに、自らの精神を自分のなかで生き生きと保つためにのみ、これか

> らの二五年間ひたすら研究に励むという予見は、気持ちのそそられるものではありませんでした。ゴールがなければ、生活はつらいものになります。時とともに東ドイツで多くのことが緩んでいったにしても、それでますます明らかになったのは、この国家にはあらゆる点で基盤が欠けていたということでした。もちろん経済的基盤は特にですが。（Merkel 2005, pp. 68–69）

キリスト教へのつながりを維持しつつも、東ドイツ社会に対し、学校卒業間際の「事件」を除き、目立って反抗することもなく、むしろ「優等生」として成長したメルケルが、その心中に「警察国家」による抑圧への批判的な思いを持ち続け、東ドイツ社会をどのように変えるべきかを考え続けていたことが明示的に語られています。ではメルケルは、そうした思いに立って、どのような行動をとろうとしたのでしょうか。特に、教会の庇護の下に集まった体制に批判的な「活動家」たちとはどのような関係に立っていたのでしょうか。

基本スタンス

【ミュラー＝フォッグ】牧師の娘であるアンゲラ・メルケルには、市民権活動家たちの列に加わることは自然だったのではないですか？　というのも、彼らは何かと福音派教会の庇護の下で活動していたのですから。

【メルケル】そうした催しの多くに私は参加していました。でも私は、そうした世界に完全にはなじめませんでした。平和運動を例にとってみましょう。私は、東ドイツの国家人民軍に反対する人たちと意見を同じくしていました。でも、平和主義者ではありませんでした。あるいはチェルノブイリはどうでしょう。私の結論は、核エネルギーはそれ自体として狂気なのではなく、ソ連はこうなったからにはより安全な原子力発電所を建設しなければならないというものでした。そしてもう一点。このグループでの議論のされ方、はっきりいえば市民権活動家の集団における底辺民主主義的な討論作法には、私はなかなかなじめませんでした。彼らのなかには、ルドルフ・バーロの社会主義社会の分析に共感するだけではなく、彼の結論にも共感する人がたくさんいました。すでにお話しした通り、こうした人たちと私はまったく共通点がありませんでした。私は東ドイツの反対派にいくばくかの連帯を示すところまではやりました。でも本当のところは、私はそこの精神的な雰囲気は好きではありませんでした。

【ミュラー＝フォッグ】抵抗という言葉は、あなたの意には沿わないのでしょうか？

【メルケル】その言葉で何が考えられているかによります。私は抵抗組織には属したことはありませんし、市民活動家でもありませんでした。しかし私は、東ドイツには一貫して、かつ段々とボルテージを上げつつ、きわめて批判的な意見を持ってきました。（Merkel 2005, p. 70）

ここに示されているメルケルのスタンスは明瞭です。「教会の庇護」の下でさまざまなテーマと取り組む「活動家」との接点を保ちつつも、彼らの考え方や議論の仕方には違和感を持ち、特定の「抵抗組織」には所属しないというのが彼女のスタンスでした。日本でも早い時期に翻訳をされたバーロ（バーロ 1980. ドイツ語版は1977）に対しても、次の引用において語られているように、彼の提示した現存する「社会主義社会の分析」には共感するものの、一九七八年に西ドイツに「国外」追放された後、緑の党とかかわっていくことになるバーロのあるべき社会に関する「結論」は、「ユートピア」として退けられます。さらにチェルノブイリで問題となった原子力発電に対しては、フクシマに直面した彼女の核エネルギーからの決別という決断とは裏腹に、その廃棄ではなく改良を求めるというスタンスをとっています（第二章第3節冒頭のゴルバチョフの「回想」を想起してください）。ではこうした、状況を構成する諸要因の変化に応じて対処方針を変化させるという意味での現実主義者メルケルを支えた行動理念とは、どのようなものだったのでしょうか。

行動理念

【ミュラー゠フォッグ】アンゲラ・メルケルにとって、基本中の基本となる理念の中身はなんですか？

【メルケル】あえて言えば、人間に自らの限度ぎりぎりまで行かせること、自らの潜在力を使い尽くすことができること、制約されないことでしょうか。あるいはより政治的に表現すれば、社会的市場経済ということになります。これが私の根本的な関心事です。社会的市場経済は、民主主義という自由な政治秩序における自由な経済・社会秩序です。ですから私はキリスト教民主同盟に加わりました。私は、あの当時東ドイツで、友人たちとルドルフ・バーロの本を大いに関心を持って読みました……。

【ミュラー゠フォッグ】『もう一つの選択肢』〔日本語訳『社会主義の新たな展望――現実に存在する社会主義の批判』〕のことですね……

【メルケル】この本は社会主義の経済システムについての素晴らしい分析ですが、第二部〔日本語訳第Ⅱ巻〕で一つのユートピアが導き出されていました。私は最初から

> このユートピアには反対でした。この点については、のちに例えば「新フォーラム」においてこのユートピアに与することになった友人たちと論争しました。私の考えは彼らとは違って、資本と労働の間の矛盾を解消すべく努める必要はあるが、自由と競争が効率的な経済秩序の根本的な要素であるというものでした。東ドイツで何よりも怒りをかっていたことは何だかおわかりですか？ 皆が一日を通して一生懸命働いても、そこから何も生まれないということなのです。摩擦による終わることのない消失でした。そこでは熱は天に昇華するのですが、地上には何も残らないのです。（Merkel 2005, pp. 19–20）

繰り返しになりますが、メルケルは現存する社会主義経済の矛盾についてはバーロの見解を受けいれるものの、それに代わる理念としては「社会的市場経済」の理念を挙げ、キリスト教民主同盟への親近感を明らかにしています。この点、特にキリスト教民主同盟への加盟については、ミュラー＝フォッグとの対話が行われたのが首相になる直前の時期だったことを考慮するとそのままストレートに受け入れることがためらわれますので、メルケルの選択を支えるキーワードである「社会的市場経済」理念（この「社会的」という形容詞が大きな意味を持っています）や彼女の「核エネルギー」論とも合わせ、次の第四章において改めて検討したいと思います。ではメルケルは、一九八九・九〇年に向け、どんな選択をしようとしていたのでしょうか。

メルケルの選択

【ミュラー＝フォッグ】あなたの両親の家は別として、どこがあなたと普通の東ドイツ市民の違いなのでしょうか？

【メルケル】誰かの内面をのぞき込むことは誰にもできませんが、私は内面では確固として東ドイツを拒否してきました。私はそのシステムが何であるかを理解していましたし、そのシステムが非人間的で未来のないものであることは疑うべくもありませんでした。私は内面上の亡命というようなことを口にしたくはありません。なぜなら私は、多くの他の人とは違って、なんとも陰鬱な存在になり果ててはいなかったからです。私は何よりも強い行動への衝動を持っていました。もし東ドイツで四五歳かそれ以上になっていたとしたら私がどうなっていたかは定かではないとしても、同じです。そのときになってもあきらめないだけの生命力と自信を持てていたかは、わかりません。（Merkel 2005, pp. 70–71）

ドイツ統一の年、三六歳だったメルケルには、新たな選択に向けて、まだ十分な「生命力と自身」が備わっていました。

【ミュラー＝フォッグ】ドイツ統一はもう一度違う選択をするチャンスだったのでしょうか？

【メルケル】そうです。私は私の職業についていることで不幸ではありませんでしたが、ドイツ統一によってこの点でも、突然私に扉が開いたのです。他の人びと、例えば私の夫は、私が自然科学の分野で、ずっと願ってきたように働くことがとうとうできると言いました。でも統一は私には違う意味を持ったのです。（Merkel 2005, pp. 16–17）

ドイツ統一からメルケルが受け取った「違う意味」、そして「違う選択」とは何だったのでしょうか。「東ドイツを去る」でもなく、また「東ドイツにとどまって」社会主義の改革に向かうのでもない、さらには「座して待つ、もの言わぬ多数者」に甘んじるのでもない選択の道を選ぶことになるメルケルにとって「統一」が何を意味することになるかを予兆させる出来事が、一九八九年一二月に起こります。

クリスタ・ヴォルフへの批判

その出来事を示しているのが、図17に引用した一九八九年一二月七日付のメルケルとエリカ・ヘンチュ（ライプツィヒのカール・マルクス大学時代の友人）の連名（末尾にメルケルの父親によって「私たちの娘と友人」と手書きされている）によるクリスタ・ヴォルフあて公開書簡の一部です。「私たちが信ずるところによれば、現下の状況においてあなたがあえて強行し続けている署名集めは、この国に貢献することにはなりません」と記されたこの書簡は、ヴォルフが当初、シュテファン・ハイムやセバスティアン・プフルークバイルを含む三〇名と連名で発した一一月二八日付の「呼びかけ」（「私たちの国のために」Wolf 1994, pp. 171–172 に収録。以下に全文を訳出）に抗議することを意図したものでした。

> 私たちの国は深い危機に陥っています。私たちは、もはやこれまで生きてきたように生きることはできませんし、生きようとも思いません。指揮権を握った一つの党が国民を支配して国民の代表者面をしてきましたし、スターリン主義の刻印を受けた仕組みが生活の全領域に浸透してきました。暴力なしに、大衆デモによって、息もつけない速さで成し遂げられた革命的な再生の過程を国民は突き進みました。この危機から抜け出す道を提供しているさまざまな可能性に働きかける時間は、私たちにはほと

んど残されていません。

一つの可能性は、東ドイツの独自性に踏みとどまって、私たちの国に一つの連帯的社会をつくり上げる用意のある国々や利害をともにする団体と力を合わせ、全力でトライすることです。その社会においては、平和と社会的正義、個々人の自由、すべての人の移動の自由および環境の保護が保障されているのです。

もしくは、影響力の強い西ドイツの経済界と政界が東ドイツに対する援助と紐づけている強大な経済的強制力と不当な条件が呼び水となって、私たちの物質的および道徳的価値の在庫一掃が始まり、遅かれ早かれドイツ民主共和国が連邦共和国に横取りされてしまうことに甘んじなければならないという可能性があります。

最初の道を進みましょう。私たちにはまだ、ヨーロッパのすべての国と同等の良い関係に立って、連邦共和国に対する社会主義的な選択肢を展開するチャンスが残っています。私たちはまだ、かつて一度は出発点とした反ファシズム的、人道的理想を思い起こすことができます。希望と憂慮を私たちと共有できるすべての女性市民、男性市民の皆さんに、この訴えに皆さんの署名を通じて合流していただくよう呼びかけるものです。

図17　メルケルの署名の入りでクリスタ・ヴォルフに宛てた、抗議の公開書簡（1989年12月７日付）

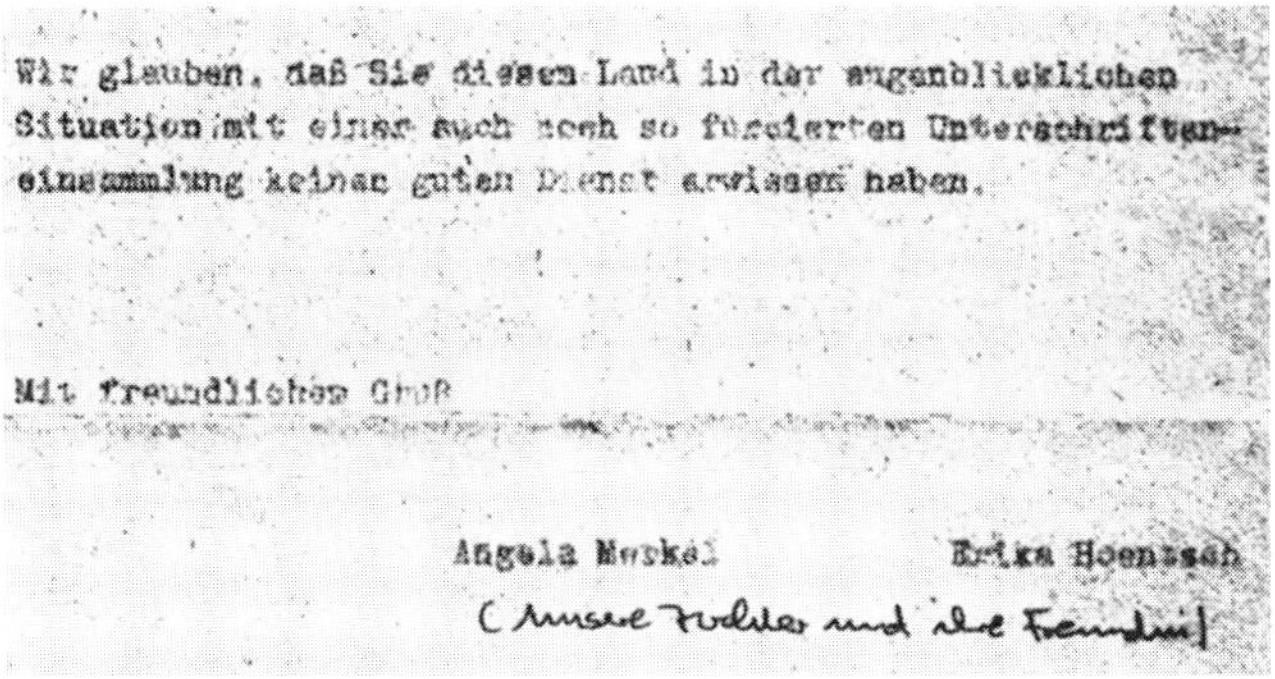

Wir glauben, daß Sie diesem Land in der augenblicklichen Situation mit einer auch noch so forcierten Unterschriften-einsammlung keinen guten Dienst erwiesen haben.

Mit freundlichem Gruß

Angela Merkel　Erika Hoentsch

(unsere Tochter und ihre Freundin)

Wir glauben, daß Sie diesem Land in der augenblicklichen Situation mit einer auch noch so forcierten Unterschrifteneinsammlung keinen guten Dienst erwiesen haben.
Angela Merkel　Erika Hoentsch　（unsere Tochter und ihre Freundin：手書き）
出典：Reuth und Lachmann, 2013, p. 203.

この「呼びかけ」は、私たちがここまで追ってきた東ドイツの人びとの選択のなかでは、東ドイツにとどまって東ドイツ社会のあり方を問い直そうとしたツヴァーや多くの社会科学者たち、教会の庇護の下で環境運動を展開した人びと、東ドイツにとどまり続けた文化人たちの選択を背景としたものです。その意味で決して孤立した少数者の声ではありませんでしたし、多くの支持を得たとされています。だからこそ、メルケルは、両親とコンタクトをとりながら、ヴォルフに対する反論の書簡を公開しましたし、ドイツではヴォルフに対する賛否両論に立つ激しい論争が展開されました（藤井 1991 参照）。

では、メルケルにとって東ドイツに「貢献する」ことのできる選択とは、どのようなものだったのでしょうか。私たちは最終章において、メルケルの選択と、その選択を支え、後の彼女の政治的スタンスの核心にあった「基本中の基本となった理念」、すなわち「社会的市場経済」の理念とは何だったのか、そして一九八九・九〇年のメルケルによる政治の世界への転身という選択が統一後のドイツ社会に対して持つことになる意味を考えることによって、本書を閉じることにしたいと思います。

第四章　「プロイセンのプロテスタント」

政治家メルケルの登場

一九八九年晩秋に東ドイツにおける「平和革命」という大きな舞台転換に直面し、一九九〇年にその帰結として東西ドイツの統一を経験したドイツ社会に、その激動を文字通り体現することとなった一人のキーパーソンが登場します。二〇〇五年一一月にドイツ連邦共和国首相の座に就くアンゲラ・メルケル、その人です。「激動を体現する」と書いた理由は、表1の年譜で一九八九年から九一年にかけてのメルケルの足跡を追うだけでも明らかになります。

すなわち、メルケルは一九八九年一一月にベルリンの壁が「開放」された直後の一二月には、東ドイツに新たな「連帯社会」を構築することを訴えたクリスタ・ヴォルフに抗議の公開書簡を送るとともに、同月一七日に設立され、のちに東ドイツのキリスト教民主同盟（Ｏｓｔ－ＣＤＵ）、さらには西ドイツのキリスト教民主同盟（ＣＤＵ）に合流していくことになる新政党「民主主義の出発」（ＤＡ）に加入し、政治の世界への道を歩みだします。そして一九九〇年三月の東ドイツにおける「最初で最後の自由選挙」によって首相の座に就いたデ・メジエールの下で副報道官となったメルケルは、同年一〇月三日のドイツ統一の前日に本体のＣＤＵに合流、さらに一二月二日に行われた統一ドイツにおける最初の連邦議会選挙でリューゲン選挙区から連邦議会議員に選出され、翌年一月には、「コールのお嬢ちゃん」と揶揄されながらも、コール政権の女性・青少年大臣に就任することとなるのです。

本章では、メルケルの政治家への転身を支えた政治信条とその転身が統一後のドイツ社会に何をもたらしたのかを考えるために、最初に、本書全体の伏線となっている核エネルギー問題に対するメルケルのスタンス、ついで「社会的市場経済」という、キリスト教民主同盟のみならず社会民主党（ＳＰＤ）からも支持された政治理念とメルケルの信仰とのつながりについて検討したいと思います。

1　核エネルギー問題と政治家メルケル

ここでは、一九九四年一一月に環境・自然保護・原子炉安全相に就任した後、二〇〇五年にドイツ連邦首相となり、二〇一一年三月のフクシマの直後にドイツの脱核エネルギー政策を主導することになる政治家メルケルの歩みにフォーカスするために、統一前の西ドイツと統一後のドイツにおける核エネルギー政策の展開を、ラートカウとハーンの記述（ラートカウ／ハーン 2015、第五章）を手がかりに、時期を追って箇条書きで概観しておきましょう。なお、西ドイツにおいては一九六〇年代から原子力発電の実用化が政府主導の下、民間の電力企業を巻き込む形で進行したのに対し、東ドイツではソ連型の原子炉を導入した原子力発電の実用化は、一九六〇年代半ばから国策として推し進められていました（詳しくは、若尾祐司／本田宏編 2012、若尾祐司／木戸衛一編 2017、所収の諸論文を参照）。

①一九六九年から八二年にかけて、ヴィリ・ブラント、続いてヘルムート・シュミットを首相とする社会民主党（ＳＰＤ）と自由民主党（ＦＤＰ）の連立政権の時代には、与党および野党であるキリスト教民主同盟・社会同盟（ＣＤＵ・ＣＳＵ）、中央および地方（周知のように西ドイツ、そして現在のドイツも、外交・軍事を除き州の独立した政策決定権限の強い連邦国家である）を問わず、また一九七九年三月に起きたアメリカのスリーマイル島の原子力発電所事故にもかかわらず、核エネルギーの「平和利用」促進については広くコンセンサスがあり、一九八〇年代に入り、まず

州レベルで反対の動きが胎動する。

②一九八三年三月の連邦議会選挙において緑の党が二七議席を獲得し、その後の西ドイツにおける反核エネルギーの動きをリードするが、一九八六年四月のチェルノブイリ原子力発電所事故は、その動きを一挙に加速し、ＣＤＵ・ＣＳＵ・ＦＤＰの連立によるコール政権下（一九八二―一九九八年）の野党であったＳＰＤは、一九八六年八月のニュルンベルク党大会で、政権獲得後一〇年以内に核エネルギーから撤退することを決議。

③ドイツ統一にともない、東ドイツで稼働していた原子力発電所はすべて停止され、新規の建設予定も凍結。一九九〇年三月の東ドイツにおける「最初で最後の自由な」人民議会選挙で誕生した西ドイツＣＤＵに近いデ・メジエールを中心とした政権は、「エコロジーにも義務を負う社会的市場経済」（レダー 2020, p. 141）を志向。しかし、統一の「勝者」であるコール政権の原子力政策は一貫して「全体的に精彩がなく、受け身的なものであった」（ラートカウ／ハーン 2015, p. 383）。他方、ニーダーザクセン州首相であった次期連邦首相のゲアハルト・シュレーダー（ＳＰＤ）は、核エネルギー政策の行方をめぐって一九九〇年から「エネルギー・コンツェルン」との合意形成に向けた協議を開始。

④コール政権末期の一九九八年二月、使用済み核燃料輸送容器の表面に放射能汚染が見つかり、当時の環境大臣メルケルによって、同燃料の輸送差し止め。

⑤コール政権に代わるシュレーダー政権（一九九八―二〇〇五年）に連立与党として同盟九〇／緑の党（同盟九〇は東ドイツに存在した三つの市民団体が一九九一年に結成した政党。一九九三年に緑の党と合流した）が加わり、緑の党のヨシュカ・フィッシャーが副首相兼外務大臣として入閣。しかし、両党は脱原発という原則では一致しながらも、個々の原子力発電所毎の残存発電電力量に応じて停止時期を決める（となると新設の原子力発電所は少なくとも二〇年は稼働し続けることになる）としたＳＰＤに対し、緑の党は即時撤退を主張。他方では、一九九九年二月に使用済み核燃料の最終貯蔵施設立地選定手続きに関するワーキンググループが設置されるなど、この問題が以後の議会内外の動きの争点となる。

⑥第Ⅰ期メルケル政権（二〇〇五―二〇〇九年。ＣＤＵ・ＣＳＵ・ＳＰＤによる大連立政権）の下では、核エネルギー政策の大きな変化はなかった一方、代替エネルギー部門において大きな進歩が見られ、また二〇〇五年にはドイツの使用済み核燃料の国外における再処理が終了し、「原子力による循環型経済という理想像は終わった」（ラートカウ／ハーン 2015, p. 383）。

⑦ＳＰＤが抜けた第Ⅱ期メルケル政権（二〇〇九―二〇一三年）は、二〇一〇年に原発運転期間の延長を決定することによって「原子力ロビーに屈し」、ある新聞は「メルケルの政府は自分自身を、そしてこの国を、二〇一〇年の晩夏と初秋にもう一度原子力の監獄に閉じ込めた」と報道した（ラートカウ／ハーン 2015, pp. 395–397）。

⑧こうした政治状況の下で、二〇一一年三月に福島原子力発電所の大事故が発生する。以後、同年四月「安全なエネルギー供給に関する倫理委員会」設置、五月三〇同委員会の最初の報告書「ドイツのエネルギー大転換――未来のための共同事業」提出、六月九日メルケル首相の施政方針演説「来るべき時代のエネルギーへの道」（ラートカウ／ハーン 2015, pp. 422–429参照）、六月三〇日ドイツ連邦議会においてＳＰＤ、緑の党も賛成し、二〇二二年までに全原発の稼働を停止する「原子力法」の改正議決、二〇一二年一一月三〇日にはゴアレーベンの放射性廃棄物中間貯蔵施設候補地の地質調査中止と、事態は一挙に進行した。

こうした一連のプロセスをラートカウとハーンは、「一九八六年のチェルノブイリの原子炉大事故は、疑いもなく原子力エネルギーの歴史の転換点であった。そして、原子力エネルギーの終焉は福島原発大災害によっておそらく最終的に確定された」とまとめています（ラートカウ／ハーン 2015, p. 418）。本書ではまさにこの一九八六年前後の時期に社会の「劣化」が顕在化することによって揺れ動くこととなった東ドイツ社会の実態を検証しようとしてきたのですが、フクシマは政治家メルケルの軌跡を考えるうえで無視できない問題を浮上させます。

　右の要約で見たように、メルケルは一貫して脱原発を志向していたわけではなく、文字通り彼女自身が揺れていました。この点についてメルケル自身は、フクシマ後の原子力政策の転換をめぐる審議に先立って行われた、二〇一一年六月九日の政府施政方針演説において、単刀直入に「私は、昨年の秋にわれわれの包括的なエネルギー計画案においてドイツにおける原子力発電所の稼働期間の延長に踏み切っただけに、今日、この議会の場で誤解の余地のないように明言いたします。フクシマは私の核エネルギーに対する考え方を変えました*」と述べています。

＊　この部分は前記のラートカウ／ハーン 2015では引用されていませんが、熊谷 2012, p. 34の示唆を受けて、Regierungserklärung 2011から訳出しました。

メルケルのこうした揺れないし「転向」（熊谷 2012）を決定づけた要因には、すでに述べた自然科学者としての彼女の現実主義者という側面と並んで、メルケルの内面の信仰と政治をつないでいる信念がかかわっているように思われます。それを示唆しているのは、ドイツの脱原発への転換を決定づけた上述の「ドイツのエネルギー大転換——未来のための共同事業」に書かれている、以下の一節です。

環境破壊の進行によって、エコロジカルな責任への呼びかけが声高におこなわれるようになりましたが、これは原子力事故に始まることではなく、また、そうした事故をめぐる環境だけが問題とされているのではありません。問われているのは、人間と自然とのつきあい方、すなわち社会と自然の関係に関する問いです。キリスト教の伝統とヨーロッパ文化からは、自然に対するひとつの特別な、人間の義務が導き出されます。自然に対する人間のエコロジカルな責任は、環境を保存・保護し、自分たちの目的のために環境を破壊することなく、有用性を高め、未来においても生活条件の保障を維持できるようにめざすことにあります。したがって、後の世代に対する責任は、とくにエネルギー供給や、長期的あるいは半永久的なリスクと負担の公平な分配、これらと結びついたわれわれの行動の諸結果にまで、及ぶものです。（安全なエネルギー

供給に関する倫理委員会 2013, pp. 40–41）

「安全なエネルギー供給に関する倫理委員会」には、連邦議会の各党政治家（四名）のほか、プロテスタントとカトリック教会の聖職者（三名）、研究者（自然科学者三名、人文・社会科学者五名。後者には日本においても「リスク社会」論の提唱者としてよく知られた社会学者ウルリヒ・ベックや環境政策学者ミランダ・シュラーズが含まれています）、企業家および労働組合代表（各一名）の計一七名が加わっていました。この委員会が、自ら提言した「自然に対する人間のエコロジカルな責任」および「後の世代に対する責任」の基底に「キリスト教の伝統とヨーロッパ文化」があるとしていることは、脱原発へと舵を切ったメルケルの「転向」とどのようにつながっているのでしょうか。この点を考えるためには、メルケルの出自と関係する彼女のキリスト教への思いおよびそれと不可分の彼女の政治の世界への転身を支えた政治理念について検討する必要があります。

2　信仰と政治――政治家メルケルの核心

一九八九年一一月のベルリンの壁の「開放」から一九九〇年一〇月の東西ドイツの統一

に至る過渡的な時期に東ドイツ側で成立したデ・メジエール政権のうちに、その問いを解く鍵があります。すでに述べたように一九九〇年三月一八日に行われた人民議会選挙を経て成立した統一以前の東ドイツ最後のデ・メジエール政権（以下の記述は、ノイベルト 2010. pp. 413–446参照）は、選挙前の予想を覆して勝利した「ドイツのための連合」*に「ＳＰＤ東」および「自由民主同盟ＢＦＤ」が加わった、西ドイツ風にいえば「大連立」の政権でした。しかし、やがて西ドイツ側の統一時点での政権党、すなわちＣＤＵ・ＣＳＵに流れ込んでいくデ・メジエール政権の特質は、「多くのプロテスタント神学者や教会と関係する信者が党派を超えて同じ言葉を話すことができた」（同上、p. 443）ことをベースにしている点にありました。この内閣の閣僚にＤＳＵ、ＣＤＵ東、ＳＰＤ東、ＤＡに所属する四人の「牧師」が名を連ねていること、またメルケルも教会を介して親交のあった各々の父親を通じてデ・メジエールと旧知の関係にあったことが、それを裏づけています。

＊　「ＣＤＵ東」、ライプツィヒの「ドイツ・キリスト教社会党」を母体とした「ドイツ社会同盟ＤＳＵ」、「市場経済、環境、社会問題の視点を見据えた」綱領を掲げた「民主主義の出発ＤＡ」からなる選挙のための連合体。

そうしたメルケルを『わたしの信仰』の編者レージングは、「規律と冷静さ、変革への意思と柔軟性、自由への愛とキリスト教——これらすべてが、彼女を際立たせている。それゆえ、メルケルは人間としての核においては、プロイセンのプロテスタントといえるだろう」（メルケル 2018, p. 19）と評しています。ちなみにプロイセンというのは、一八七一年に成立したドイツ帝国以前のドイツにおける最大の領邦国家であり、おおむね東ドイツと現在のポーランドの一部にあたります。

この点に関しては、東ドイツの牧師の家に生まれ、自身も牧師として活動しつつ平和運動にコミットし、「民主主義の出発」の副党首としてメルケルともかかわりを有していたノイベルトによって、レージングのメルケル評価と比べるといささか否定的なニュアンスを含んではいますが、デ・メジエールが「東ドイツの旧体制に忠実でありえた」理由として、「プロイセン的でプロテスタントの精神的背景を持ち、家庭のなかでは芸術を好むという伝統」（ノイベルト 2010, p. 446）の存在が指摘されていることにも触れておきましょう。*

＊　さらにヨアヒム・ガウクの軌跡（ガウク 2017参照）もまた、東ドイツの「プロテスタント」の役割を考える格好の素材となります。彼は一九四〇年にロストックで生まれ、福音主義教会牧師として「東ドイツの体制批判運動」に加わり、一九九〇年三月の人民議会選挙で「同盟九〇」から立候補して当選。統一後は一転、「連邦政府特別受託官」として膨大なシュタージ文書の管理・公開に尽力した後、二〇一〇年にＳＰＤと「同盟九〇／緑の党」の大統領候補となりましたが落選。その後、当初対立していたメルケルの了解を得て、二〇一二年から二〇一七年までドイツ連邦共和国大統領の地位にありました。

　では「プロイセンのプロテスタント」メルケルの信仰は、彼女の政治上の歩みとどのようにつながっているのでしょうか。メルケルの『私の信仰』は一九九五年から二〇一七年の間にメルケルが、「福音主義教会大会」をはじめカトリック教会のさまざまな集まりなどで折に触れて行ったスピーチを集めたものです。そこから浮かび上がるのは聖書を深く読み込んだ彼女のキリスト教への強い思いですが、それとともに「補完性原理」、「共生」、「連帯」、「社会的市場経済」、「環境」、「家族」という言葉がキーワードとして繰り返し登場することが目を引きます。これらのキーワードは、すでに触れたようにデ・メジエール政権の核となった「民主主義の出発ＤＡ」の政策理念と密接につながる概念であり、東ドイツで教会の傘の下に集まった反体制的なさまざまな活動グループを結びつけるキーワードでもありました。

このうち「家族」と「環境」は、コール政権の下でメルケルが最初は女性・青少年相、次いで環境・自然保護・原子炉安全相に就任したことから、また「家族のための地域同盟」や「多世代ハウス」、そしていうまでもなく核エネルギー政策の大転換といったメルケル政権の核となる政策とかかわるという意味でもメルケルにとっての重要性を理解できますが、最初の四つのキーワードとキリスト教のつながりに関しては説明が必要でしょう。この点についてメルケルは、二〇一二年の「カトリック大会」におけるスピーチ（「社会における人々の結びつき」）において、次のように述べています。

> 個人の尊厳を念頭においているキリスト教的な人間像に目を向けることによって、わたしたちはドイツ連邦共和国を特徴づけている社会秩序についても触れることになります。それは、社会的市場経済ということです。これも、カトリックの社会教説とプロテスタントの社会倫理なしには、考えられないものです。社会的市場経済はそこから生まれてきました。わたしたちにとって、この言葉は今日しばしば、六十年にわたる連邦共和国の成功に満ちた発展という背景を考える際のキーワードとなっています。（メルケル 2018, p. 173）

ここにおいては、「個人の尊厳を念頭においているキリスト教的な人間像」から導かれる「小さな単位が一番大きな意味を持つという原則」が、すなわち「できるだけ人間のそばで、小さな単位のもとで構想することを意味」する「支援の原則」が、「社会進歩や共生、連帯」を可能にするために「個人」と「国家」がはたすべき役割をめぐって要となる位置を与えられています（同書、p. 172）。この「支援の原則」こそ、一九世紀末以来のドイツに「社会国家」を根づかせてきた「補完性原理」にほかなりませんし、政治家メルケルの核心は、キリスト教信仰と政治を「社会的であること」、すなわち「共生と連帯」の理念と実践を媒介に結びつけることによって形づくられているといえるでしょう。

連邦首相としてコンラート・アデナウアーの肖像の前で執務するメルケルの写真（図18）は、こうした政治家メルケルの核心を二重の意味で象徴しているといえます。一つは、第二次世界大戦後の西ドイツにおいて「社会的市場経済」の理念をキリスト教民主同盟の基盤に据えるべく「戦った」アデナウアーとルードヴィヒ・エアハルトの遺産（野田1999を参照）を、キリスト教徒メルケルがいわば「原点に戻った」形で受けついでいるという意味においてです。そしていま一つは、社会主義国東ドイツの市民であったメルケルが、自らの信仰を保ちつつ、「社会的な」連帯と「共生」の思想を統一ドイツにいわば

「持ち帰った」という意味においてです。この二つの理念を手に、メルケルは政治の世界へと飛び込んで行くことになります。

東ドイツが西ドイツ主導で統一されたとき、東ドイツの人びとは単に西ドイツの強いマルクに抱き込まれただけではありません。彼・彼女たちは西ドイツの繁栄を可能にした「社会的市場経済」、すなわち「カトリックの社会教説とプロテスタントの社会倫理」に裏づけられた、そしてまた社会民主党からも支持された「社会国家」ドイツ（この概念については、川越2008を参照）に組み込まれたのです。コール政権に続く社会民主党のシュレーダー政権は、統一の「コスト」を抱え込み危機的な様相を強めた国家財政の破綻を回避すべく、失業保険等の社会保障制度をテコとした社会国家「改革」を展開しました。その後を受けて首相の座に就いた「プロイセンのプロテスタント」メルケルは、二〇世紀ドイツにお

図18　執務室のドイツ連邦共和国首相メルケル。背後の肖像は共和国最初の首相コンラート・アデナウアー

出典：Bassewitz, hrsg. v., 2009, p. 9.

ける社会国家の伝統、すなわち「社会的市場経済」と「社会的連帯」の理念に立つことによって、核エネルギー政策でも見られたように政策的に揺れ動き多くの批判にさらされながらも、最終的な支持を失わなかったといえるでしょう。核エネルギー政策をめぐるメルケルの揺れと脱核エネルギーへと「転向」したメルケルの決断は、どちらも現実主義者でありかつキリスト教徒であった政治家メルケルの核心から導き出されたものといえます。

しかし、統一後のドイツにおいて、一九世紀から二〇世紀への世紀転換期に始まったドイツの社会国家をめぐる政治は、核エネルギー問題のみならず、難民受け入れ問題、社会の高齢化をめぐる問題、そして新型コロナウィルス流行をめぐる問題などに直面し揺れ動き続けています。そしてそこには、かつての東ドイツの政治のくびきから解放されながら、統一後も「二級市民」としてその負荷を背負い続ける東ドイツの人びとの日常生活が深い影を落とし続けているのです。

統一されたドイツは、一九九〇年以降、社会の「発展」ないし「成長」と「劣化」の新たなせめぎ合いのなかでさらに揺れ動き続けてゆくことになります。大量に受け入れることを決めた外国人をめぐる問題や新型コロナウィルスとの闘いをめぐるメルケルの政策の揺れは、メルケル自身の揺れと同時に、それに対する評価の揺れを表面化させつつ、このせめぎ合いを体現したものとなるのです。

あとがき

一六年にわたって困難な時期のドイツ連邦共和国のかじ取りを担ったメルケル首相を道案内にした、東ドイツへの歴史の旅はどうだったでしょうか。本書における私の狙いは、「劣化」する東ドイツ社会がいかにダメな社会だったかを断罪することでも、またその社会に最後通告を突きつけたさまざまな社会運動を称賛することでもなく、「劣化する社会」を、それにもかかわらず自らの信念に従って必死に生きた人びとの姿とその思索の跡を再現すること、そして彼・彼女たちの行動の意味を問い直すことにありました。

その目的は、日本社会に生きる読者の皆さんに、東ドイツの人びとの多様な生き方のなかに自らの生き方を考える手がかりを見つけていただくことに置かれていました。日本は、東ドイツの社会主義国家が崩壊し、「二つ」のドイツが統一された一九八九・九〇年直後のバブル崩壊以来、「再浮揚」に失敗し続け、コロナ禍の下で「劣化」の様相を一段と強めています。しかしこの本は、そうした状況下において、さまざまな生きざまのどれが「正しい」生き方モデルかを提示することを課題としたものではありません。読者の皆さんが自ら考え行動するための一つの手がかりを提供することが本書の目的です。

最後に、本書を書こうと考えた私の思いと、それを実現する手助けをしてくださった方々への感謝の思いを記すことで、本書を結びたいと思います。むろん本書の叙述に関する責任はすべて筆者にあることはいうまでもありません。

私が本書の原型となる課題に着手したのは、二〇一九年二月に経験した大けがをなんとか乗り切ることができた同年八月のことでした。ヒロシマ、ナガサキ、そしてフクシマを念頭に、二〇世紀の核エネルギー問題の歴史を一から勉強することから始めました。そして、その後の試行錯誤を経て、私がこれまでの歴史研究の最後のテーマとしてきた東ドイツに的を絞って、本当に伝えたいことは何かを考え続けながら書きあげたのが本書です。

こうした経緯で出来上がった本書の執筆過程では、本当に多くの方々のサポートをいただくことができました。

二〇一八年一月に私の「ゼミからの卒業」（退職）を祝って集まり、また心を寄せてくれた同志社大学経済学部川越ゼミの卒業生たち。治療とリハビリにあたってくださった医療現場の方々。コロナ禍で大変なときにオンライン研究会等を通じてつながりを維持し、資料収集を助けてくれた研究仲間たち。新型コロナ・ウイルス流行にともなうステイホーム生活のオアシスになってくれた近所のお店たち。

東日本大震災および一気に日本社会の「劣化」を表面化させたフクシマの原子力発電所の事故をめぐる問題とこれまでの私の歴史研究との間をつなぐ道を探りあてたいという本書執筆の初心を忘れないために、何度も目を通した本たち（『ファインダー越しの3・11』原書房、二〇一一年、『それでも海へ』ポプラ社、二〇一六年、など）。二〇一一年に生まれた東北の被災地の子供たちが二〇歳になるまで寄り添う活動を続ける「公益財団法人ハタチ基金」から届けられるメッセージ。

そして一度も礼を言うことなく別の世界に送り出してしまった母や父をはじめ、生まれてこのかた多大のご面倒をおかけし続けたにもかかわらず、その時々にサポートしてくださった数多くの方々。

最後になりましたが、出版をめぐる厳しい状況のなかで本書を世に出してくださったナカニシヤ出版と編集を担当していただいた酒井敏行さん。

こうした支えのどれが欠けても、けがの後も新たな病気を抱え込んだ状態で心身のバランスを保ち、この本を完成させることはできませんでした。心から感謝します。

二〇一一年三月一一日から一〇年を超える時間が経ち、ドイツでは脱核エネルギーへの転換が進行しているにもかかわらず、当の日本ではまだフクシマは終わっていません。そうした状況のなかで、フクシマの汚染水の海洋放出の決定をもってフクシマは終わったと言い放ちつつ、脱炭素社会への「発展」ないし「成長」を名目に規定年数を超えた原子力発電所の稼働延長を決定し、さらには国会の党首討論において一九六四年へのノスタルジーという訳のわからない理由を掲げ、新型コロナ・ウイルス流行の「蔓延」リスク、したがって国民の生命リスクをものともせず、ひたすらオリンピック開催に突き進もうとしているのが、日本社会の「劣化」の現実です。

社会の「劣化」という現実そのものよりも、その現実に目をつぶって「劣化」を重層化させ続け、「劣化」の現実のただなかで暮らした人びとの多様な思いや生きざまを呑み込んで体制の崩壊と西ドイツとの統合にまで至ったというのが、東ドイツ社会を対象とした本書から浮かび上がる「劣化する社会」の帰結でした。一人でも多くの読者にとって、本書が日本社会「劣化」の現実を直視し、社会の行方と自らの生き方を考える一つの契機なってほしいと念じつつ、筆をおくことにします。

二〇二一年六月二二日

川越　修

pp. 418–455.

Zwahr, Hartmut 1996b : Bürgerrechtsbewegung und Bürgerbewegung 1989–1990, in : Ders. 1996, pp. 456–473.

Zwahr, Hartmut, 2014, *Ende einer Selbstzerstörung. Leipzig und die Revolution in der DDR*, Beucha・Markkleeberg（erste Ausgabe, Göttingen 1993, の新版）.

図 表 一 覧

Resing, Volker, 2017, *Angela Merkel. Die Prostetantin. Ihr Aufstieg, ihre Krisen - und jetzt*, Freiburg in Breisgau.

Reuth, Ralf Georg und Günther Lachmann, 2013, *Das erste Leben der Angela M.*, München.

Rüddenklau, Wolfgang, 1992, *Störenfried. DDR-Opposition 1986–1989. Mit Texten aus den „Umweltblättern"*, Berlin.

Schmitz-Veltin, Ansgar, 2010, Die Entwicklung der Kirchenmitglieder in Deutschland. Statistische Anmerkungen zu Umfang und Ursachen des Mitgliederrückgangs in den beiden christlichen Volkskirchen, in : Statistisches Bundesamt, Hrsg., *Wirtschaft und Statistik*, 6/2010, pp. 576–589.

Schroeder, Klaus, 2013, *Der SED-Staat. Geschichte und Strukturen der DDR 1949–1990*, Köln/Weimar/Wien.

Stephan, Gerd-Rüdiger, Andreas Herbst, Christine Krauss, Daniel Küchenmeister, Detlef Nakath, hrsg.v., 2002, *Die Parteien und Organisationen der DDR : Ein Handbuch*, Berlin.

Winkler, Gunnar, hrsg.v., 1990, *Sozialreport '90. Daten und Fakter zur sozialen Lage in der DDR*, Berlin.

Winkler, Gunnar, 2009, *Zur Geschichte der Volkssolidarität 1945 bis 2010*, Berlin.

Wolf, Christa, 1994, *Im Dialog*, München.

Zwahr, Hartmut, 1993, *Ende einer Selbstzerstörung. Leipzig und die Revolution in der DDR*, Göttingen.

Zwahr, Hartmut, 1994, Umbruch durch Ausbruch und Aufbruch : Die DDR auf dem Höhepunkt der Staatskrise 1989. Mit Exkursen zu Ausreise und Flucht sowie einer ostdeutschen Generationenübersicht, in : Kaelble, Hartmut/Kocka, Jürgen/Zwahr, Hartmut, Hrsg., 1994, *Sozialgeschichte der DDR*, Stuttgart, pp. 426–465.

Zwahr, Hartmut, 1996, *Revolutionen in Sachsen. Beiträge zur Sozial- und Kulturgeschichte*, Weimar/Köln/Wien.

Zwahr, Hartmut 1996a : Die Revolution in der DDR im Demonstrationsvergleich Leipzig und Berlin im Oktober und November 1989, in : Ders. 1996,

Lattka, Ernst-Günter, 2002, Volkssolidarität (VS), in: Stephan, Gerd-Rüdiger u.a., hrsg. von, 2002, pp. 741–761.

Lindner, Bernd, 2003a, Zwischen Integration und Distanzierung. Jugendgenerationen in der DDR in den sechziger und siebziger Jahren, in: *Aus Politik und Zeitgeschichte*, Bd. 45, pp. 33–39.

Lindner, Bernd, 2003b, "Bau auf, Freie Deutsche Jugend" - und was dann? Kriterien für ein Modell der Jugendgenerationen der DDR, in: Reulecke, Jürgen, hrsg.v. unter Mitwirkung von Elisabeth Müller-Luckner, 2003, *Generationalität und Geschichte im 20. Jahrhundert*, München, pp. 187–215.

Mählert, Ulrich, Gerd-Rüdiger Stephan, 1996, *Blaue Hemden - Rote Fahnen. Die Geschichte der Freien Deutschen Jugend*, Opladen.

Merkel, Angela, 2005, *Mein Weg. Ein Gespräch mit Hugo Müller-Vogg*, Hamburg.

Neubert, Ehrhart, 1997, *Geschichte der Opposition in der DDR 1949–1989*, Berlin.

Nève, Dorothée de, 1995, *Die Atomkatastrophe von Tschernobyl. Reaktion in der DDR*, Berlin.

Niethammer, Lutz, Alexander von Plato, Dorothee Wierling, 1991, *Die volkseigene Erfahrung. Eine Archäologie des Lebens in der Industrieprovinz der DDR. 30 biographische Eröffnungen*, Berlin.

Pollack, Detlef, 1990, Die Ende einer Organisationsgesellschaft. Systemtheoretischen Überlegungen zum gesellschaftlichen Umbruch in der DDR, in: *Zeitschrift für Soziologie*, Jg. 19, Heft 4, pp. 292–307.

Regierungserklärung 2011, Regierungserklärung vun Bundeskanzlerin Angela Merkel zur Energiepolitik „Der Weg zur Energie der Zukunft" (Mitschrift), 9. Juni 2011: https://www.bundesregierung.de/breg-de/themen/energiewende/regierungserklaerung-von-bundeskanzlerin-angela-merkel-zur-energiepolitik-der-weg-zur-energie-der-zukunft-mitschrift-1008262 (二〇二〇年一一月九日閲覧)

Reichert, Mike, 1999, *Kernenergiewirtschaft in der DDR. Entwicklungen, konzeptioneller Anspruch und Realisierungsgrad (1955–1990)*, St. Katharinen.

solidarität" die deutsche Vereinigung überlebte, Wiesbaden.

Angerhausen, Susanne, Holger Backhaus-Maul, Claus Offe, Thomas Olk, Martina Schiebel, 1998, *Überholen ohne einzuholen. Freie Wohlfahrtspflege in Ostdeutschland*, Opladen/Wiesbaden.

Arndt, Melanie, 2011, *Tschernobyl. Auswirkungen des Reaktorenunfalls auf die Bundesrepublik Deutschland und die DDR*, Erfurt.

Bassewitz, Sebastian Graf von, hrsg. v., 2009, *Angela Merkel. Das Porträt*, München.

BStU (Der Bundesbeauftragte für die Unterlagen des Staatssicherheitsdienstes der ehemaligen Deutscchen Demokratischen Republik), 2016, *Tschernobyl : der Super-Gau und die Stasi*, Berlin.

Friedrich, Walter, Hartmut Griese, Hrsg., 1991, *Jugend und Jugendforschung in der DDR. Gesellschaftspolitische Situationen, Sozialisation und Mantalitätsentwicklung in den achtziger Jahren*, Opladen.

Der Grosse Baedeker Berlin. Stadtführer von Karl Baedeker, Freiburg 1990 (5. Auflage).

Hübner, Peter, 1995, Zur Rolle der "Massenorganisation" im Alltag des DDR-Bürgers, in: *Materialien der Enquete-Kommission „Aufarbeitung von Geschichte und Folgen der SED-Diktatur in Deutschland" (12. Wahlperiode des Deutschen Bundestages)*, hrsg. vom Deutschen Bundestag, Band II/3 (Machtstrukturen und Entscheidungsmechanismen im SED-Staat und die Frage der Verantwortung), Baden-Baden 1995, pp. 1723–1769.

Kahlert, Joachim, 1988, *Die Kernenergiepolitik in der DDR. Zur Geschichte uneingelöster Fortschrittshoffnungn*, Köln.

Kaschade, Hans, 2018, *Kohle- und Energiewirtschaft in der DDR 1960 bis 1990, Beiträge zur Kohle- und Energiewirtschaft der DDR, Bd. 3*, Neuruppin.

Land Sachsen-Anhalt, Landesbeauftragte für die Unterlagen des Staatssicherheitsdienstes der ehemaligen Deutschen Demokratischen Republik, 2003, *Tschrrnobyl und die DDR: Fakten und Verschleierungen - Auswirkungen bis heute?*, Magdeburg.

辻英史／川越修編、2016、『歴史のなかの社会国家――20世紀ドイツの経験』山川出版社。

成瀬治／山田欣吾／木村靖二編、1997、『世界歴史体系　ドイツ史　3　1890年～現在』山川出版社。

ノイベルト、エールハルト、2010、『われらが革命　1989年から90年――ライプチッヒ、ベルリン、そしてドイツの統一』（山本一之訳）彩流社。

野田昌吾、1999、『ドイツ戦後経済秩序の形成』有斐閣。

パウゼヴァング、グードルン、2011、『みえない雲』（高田ゆみ子訳）小学館文庫第二版。

バーロ、R.、1980、『社会主義の新たな展望』Ⅰ、Ⅱ（永井清彦／村山隆康訳）岩波書店。

藤井啓司、1991、「ドイツ統一と文学の現在――クリスタ・ヴォルフをめぐる論争について」『同志社外国文学研究』60号、44-89頁。

メーラート、ウルリヒ、2019、『東ドイツ史　1945-1990』（伊豆田俊輔訳）白水社。

メルケル、アンゲラ（フォルカー・レージング編）、2018、『わたしの信仰――キリスト者として行動する』（松永美穂訳）新教出版社。

ラートカウ、ヨアヒム／ハーン、ロータル、2015、『原子力と人間――ドイツ原子力産業の興亡と自然エネルギー』（山崎光昌／長谷純／小澤彩羽訳）築地書館。

レダー、アンドレアス、2020、『ドイツ統一』（板橋拓己訳）岩波新書。

若尾祐司／本田宏編、2012、『反核から脱原発へ――ドイツとヨーロッパ諸国の選択』昭和堂。

若尾祐司／木戸衛一編、2017、『核開発時代の遺産――未来責任を問う』昭和堂。

外国語文献

Amelungse, Astrid, 1987, Tschernobyl - vier Wochen im Spiegel der Presse, in : Hermann, Arnim /Rolf Schumacher, Hrsg., *Das Ende des Atomzeitalters? Eine sachlich-kritische Dokumentation*, München, pp. 267-301.

Angerhausen, Susanne, 2003, *Radikaler Organisationswandel. Wie die "Volks-*

開沼博 2011、『「フクシマ」論――原子力ムラはなぜ生まれたのか』青土社。

ガウク、ヨアヒム、2017、『ガウク自伝――夏に訪れた冬、秋に訪れた春』（新野守広訳）論創社。

河合信晴、2015、『政治がつむぎだす日常――東ドイツの余暇と「ふつうの人びと」』現代書館。

河合信晴、2020、『物語　東ドイツの歴史――分断国家の挑戦と挫折』中公新書。

川越修「社会国家の世紀」川越修／辻英史編、2008、３-33頁。

川越修 2016a、「旧東ドイツに中間組織は存在したか――人民連帯の活動を手がかりに」辻／川越編、2016、163-186頁。

川越修、2016b、「高齢者と社会」川越修／河合信晴編、2016、114-137頁。

川越修／河合信晴編、2016、『歴史としての社会主義――東ドイツの経験』ナカニシヤ出版。

川越修／辻英史編、2008、『社会国家を生きる――20世紀ドイツにおける国家・共同性・個人』法政大学出版局。

川越修／矢野久、2016、『明日に架ける歴史学――メゾ社会史のための対話』ナカニシヤ出版。

熊谷徹、2012、『なぜメルケルは「転向」したのか――ドイツ原子力四〇年戦争の真実』日経ＢＰ社。

ゴルバチョフ、ミハイル、1996、『ゴルバチョフ回想録』上巻（工藤精一郎／鈴木康雄訳）新潮社。

斎藤哲、1997a、「ドイツ民主共和国」成瀬治／山田欣吾／木村靖二編、1997、427-506頁。

斎藤哲、1997b、「民主共和国の崩壊から統一ドイツの形成へ」成瀬治／山田欣吾／木村靖二編、1997、507-527頁。

高岡智子、2016、「東ドイツのポピュラー音楽の系譜」川越修／河合信晴編、2016、138-165頁。

高木仁三郎、2011、『（新装版）チェルノブイリ原発事故』七つ森書館。

高木八尺／末延三次／宮沢俊義編、1957、『人権宣言集』岩波文庫。

ダーントン、ロバート、1992、『壁の上の最後のダンス――ベルリン・ジャーナル 1989-1990』（和泉雅人／樋渡敦子／滝田佳奈子訳）河出書房新社。

引用・参照文献リスト

（以下のリストに挙げた文献は、本書において引用または参照を指示した文献に限定しています）

日本語文献（翻訳書を含む）

安全なエネルギー供給に関する倫理委員会 2013、『ドイツ脱原発倫理委員会報告——社会共同によるエネルギーシフトの道すじ』（吉田文和、ミランダ・シュラーズ編訳）大月書店。

石井聡、2010、『もう一つの経済システム——東ドイツ計画経済下の企業と労働者』北海道大学出版会。

井関正久、2009、「東ドイツ体制批判運動再考——「六八年」と「八九年」の関係を中心に」日本国際政治学会編『国際関係学研究』第35号、35-45頁。

井関正久、2016、『戦後ドイツの抗議運動——「成熟した市民社会」への模索』岩波書店。

市川ひろみ、1995、「東ドイツにおける教会と市民運動——「社会主義のなかの教会」の役割と限界」『歴史評論』No. 546、48-63、85頁。

市川ひろみ、2007、『兵役拒否の思想——市民的不服従の理念と展開』明石書店。

市川ひろみ、2016、「東ドイツ「平和革命」と教会——建設兵士の活動を中心に」川越修・河合信晴編、2016、166-192頁。

上田有里奈、2014、「ドイツにおける新たな家族政策と多世代ハウスプロジェクト」『経済学論叢』（同志社大学）第66巻第３号、73-110頁。

上田有里奈、2016、「ドイツにおける多世代ハウスの活動——活動事例調査を基に」『経済学論叢』（同志社大学）第67巻第４号、181-235頁。

上田有里奈、2020、「血縁関係を超えた社会的世代間連帯の構築——ドイツにおける「多世代ハウス」の活動事例を基に」『経済学論叢』（同志社大学）第71巻第４号、421-446頁。

ヴォルフ、クリスタ、1997、『チェルノブイリ原発事故』（『クリスタ・ヴォルフ選集２』保坂一夫訳）恒文社。

マ行

ヤ行

サ行

タ行

ハ行

事項索引

マ行

ラ行

地名・国名索引

ア行

カ行

サ行

タ行

ナ行

ハ行

人名索引

川越　修（かわごえ　おさむ）

1947年生まれ。同志社大学名誉教授。専門はドイツ近現代社会史。

主な著作に、『ベルリン　王都の近代――初期工業化・1848年革命』（ミネルヴァ書房　1988年）、『性に病む社会――ドイツ　ある近代の軌跡』（山川出版社　1995年）、『社会国家の生成――20世紀社会とナチズム』（岩波書店　2004年）、『歴史としての社会主義――東ドイツの経験』（共編著、ナカニシヤ出版　2016年）、『明日に架ける歴史学――メゾ社会史のための対話』（共著、ナカニシヤ出版　2016年）など。

アンゲラ・メルケルの東ドイツ
「劣化する社会」を生きる人びと

2022年2月1日　　初版第1刷発行

著　者　川越　修
発行者　中西　良
発行所　株式会社ナカニシヤ出版
〒606-8161　京都市左京区一乗寺木ノ本町15番地
TEL 075-723-0111　　FAX 075-723-0095
http://www.nakanishiya.co.jp/

装幀＝白沢　正
印刷・製本＝亜細亜印刷

＊落丁・乱丁本はお取替え致します。
Printed in Japan.　ISBN978-4-7795-1624-5　C1022

歴史としての社会主義
東ドイツの経験

川越　修・河合信晴　編

社会主義とは何だったのか。その歴史は21世紀に生きる私たちに何を示唆しているのか。東ドイツ社会を生きたごく普通の人々の日常生活の一面を掘り起こし、社会主義体験とは何だったのかを検証する。

四二〇〇円＋税

明日に架ける歴史学

川越　修・矢野　久

初期工業化から社会＝国家の制度化、そしてナチズムへ。近現代のドイツを舞台に、マクロ社会史とミクロ社会史が交錯する中間領域の歴史＝メゾ社会史の構築を目指す。二人の社会史家の歴史との格闘と対話の記録。

三二〇〇円＋税

ワークショップ社会経済史

川越　修・脇村孝平・友部謙一・花島誠人

統計や地図などの資料をもとに、世界と日本の社会と経済の歴史を読み解いてみよう。社会経済史の最新の成果を、視覚データをもとにビギナー向けにわかりやすく紹介。現代を生きるための最新の「歴史ナビゲーション」。

二四〇〇円＋税

大恐慌期における日本農村社会の再編成
労働・金融・土地とセイフティネット

小島庸平

大恐慌を契機として打ち出された国家的諸施策は、日本の農村社会に固有のセイフティネットをどのように再編したのか。農村社会の紐帯に依存した独特な福祉国家システムの形成過程を、実証的に明らかにする。

五八〇〇円＋税